大和まほろばの山旅

—奈良県北・中部の山—

内田　嘉弘

Uchida Yoshihiro

ナカニシヤ出版

戒場山

国見岳の登りから望む城山

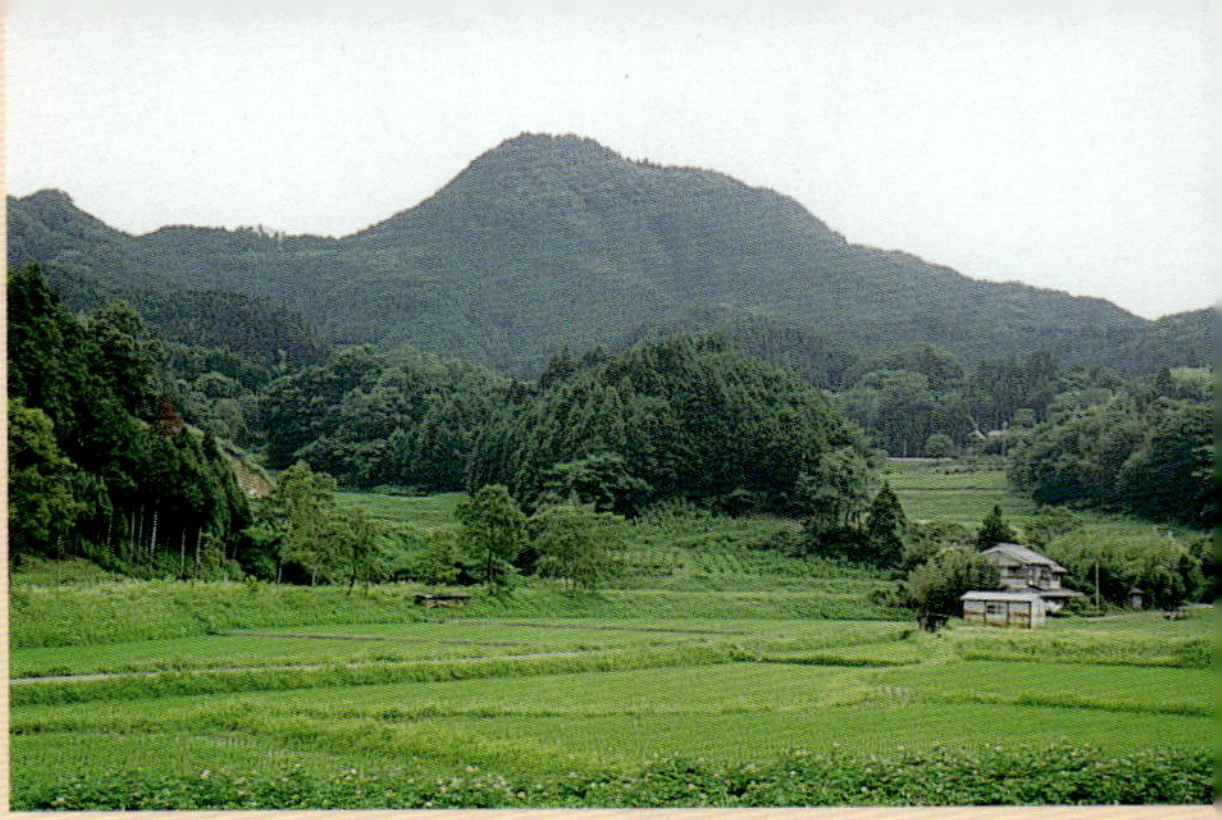
伊那佐山

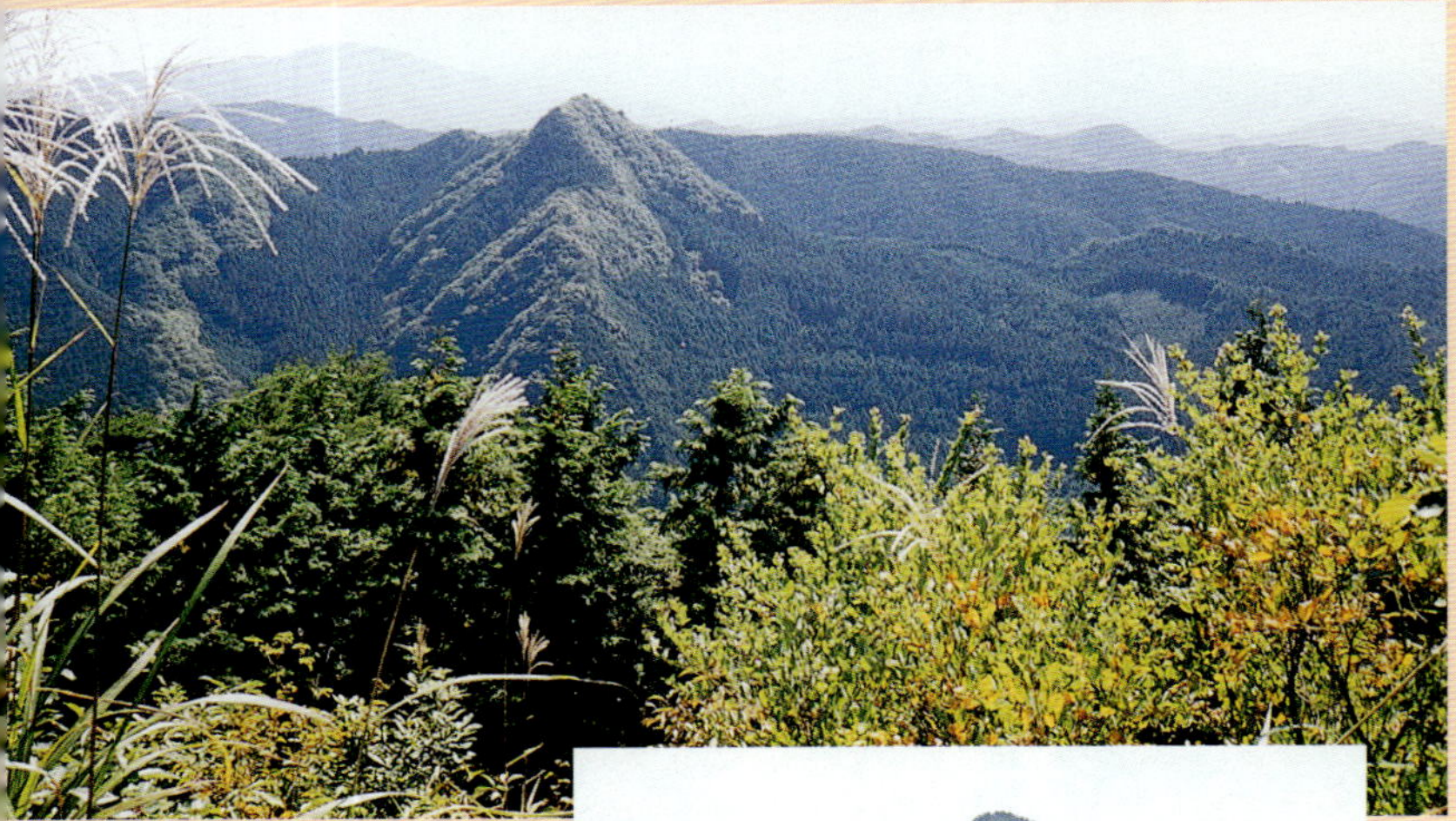
高城山より望む袴ヶ岳

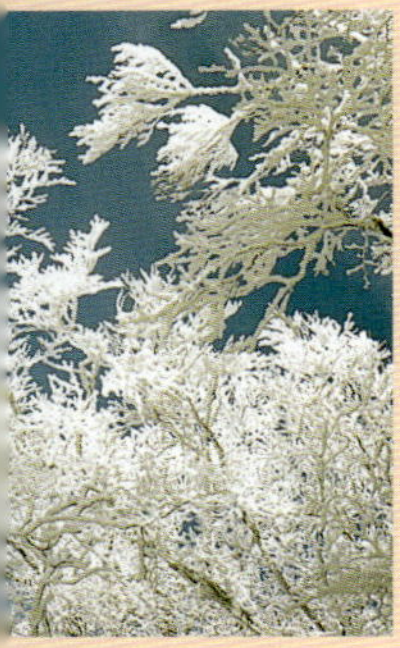

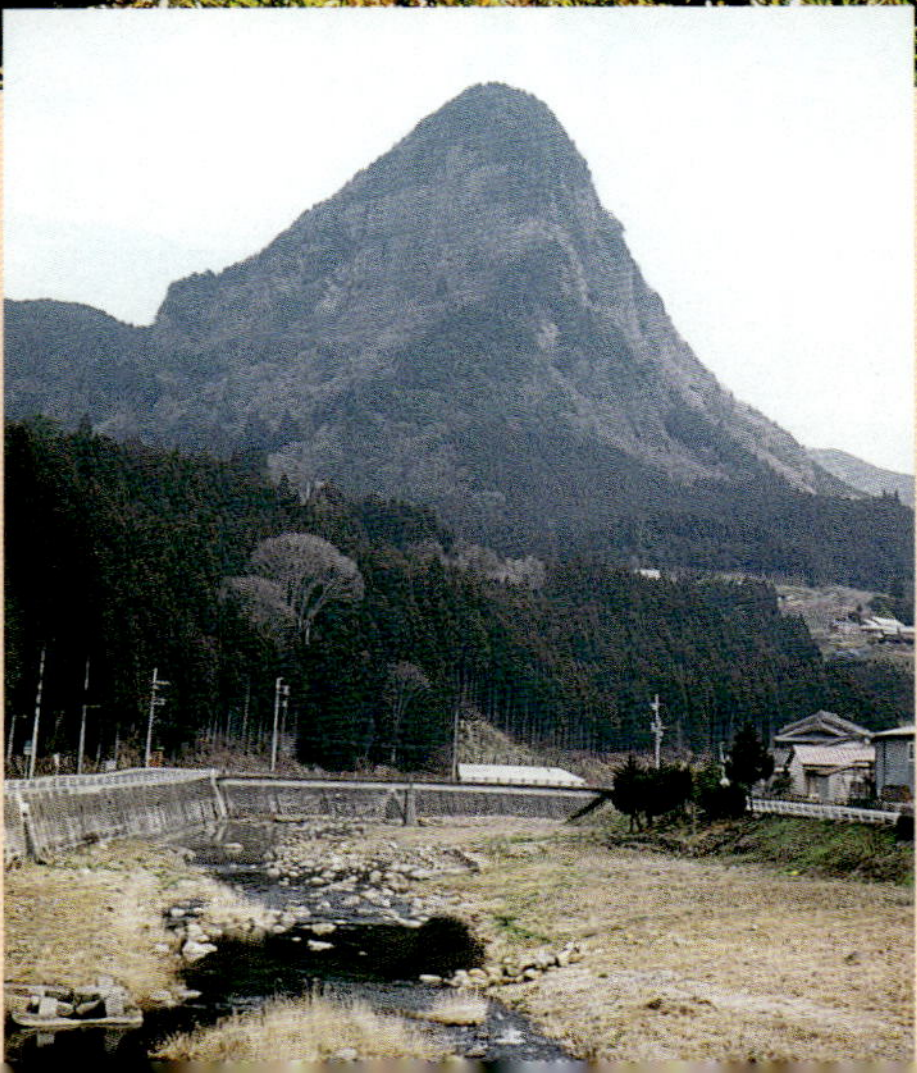
鎧岳

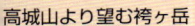

古光山

学能堂山

大和富士とも
呼ばれる額井岳

三峠
(冬季には霧氷
楽しめ

耳成山（御破裂山より）

二上山より望む葛城山

はじめに

倭《やまと》は　国のまほろば　たたなづく　青垣《あをかき》　山隠《やまごも》れる　倭し美《うるは》し
（大和国《やまとのくに》は国々の中でも最もよい国だ。重なり合った青い垣根の山、
その山々の中にこもっている大和は、美しい国だ）

と『古事記』にあるように（訳文は『日本古典文学全集』小学館による）、奈良盆地は美しい青い山々の垣に囲まれています。本書は、その山々を紹介させていただきました。

奈良盆地は北の京都方面を除けば、三方が山々に囲まれています。西は信貴・生駒山系、金剛葛城山脈、東は笠置山地から大和高原、南は室生・曽爾山群、三峰山脈から高見山があります。本書はこれら奈良盆地周辺の山々を一年半ほどかけて集中的に歩いた記録で、ここに取り上げた山は五六山です。

奈良盆地周辺の山々は、歴史的な山々も多く見られ、『古事記』『日本書紀』の時代とかかわりの深い山もあります。また、『万葉集』に出てくる山もあります。山は低くなるに従って麓の人々のくらしとの結び付きが深くなるものですから、その関係の資料もできる限り取り上げ、山麓で集めた山に関する資料も取り入れるようにしました。私は歴史家でもなく、『万葉集』の研究家でもあ

りませんので不足するところがあると思いますが、人一倍山好きな人間として奈良盆地周辺の山々に愛着を感じながら登りました。

なお、本書の山々の章分けは、名著『大和青垣の山々』（奈良山岳会編）を踏襲し、山の標高は、国土地理院発行の地形図二万五千分の一に従いました。また、文中に出てくるCaはラテン語のcirca（およそ、約）の略語で、Ca六〇〇㍍峰とあれば標高約六〇〇㍍峰を意味します。各項の末尾に私の登った日付を入れてあります。その時点での山の様子を紹介していますので、日数が経ちますと、はっきりした山道でも歩かれないまま薮で覆われたりして判かりにくくなったり、林道も使われなくなると草茫々になって歩きにくくなったりしますのでご留意下さい。

概念図は二万五千分の一地形図を基本にして尾根、谷、ピークを表しておりますので、登山される方は出来るだけ二万五千分の一地形図と照合されればルートがはっきりすると思います。概念図の――は林道、破線路----は山道、……は踏み跡程度の分かりにくいルートを表しています。

交通機関問い合わせ先

奈良交通榛原営業所	07458・2・2201
奈良交通葛城営業所	07456・3・2501
三重交通名張営業所	0595・63・0689
金剛バス	0721・23・2286

奈良周辺の山　もくじ

はじめに

もくじ

第4章　南部　初瀬・飛鳥

第1章　東部

山の辺

芳山《ほやま》（五一七・九㍍）

地形図 二万五千分の一「柳生」

　奈良公園の芝生が朝日に輝いている。ここは歴史的風土春日山特別保存地区である。県庁前の信号を南に折れ、福地院北の信号で左折すると並木道が続く。高畑町の信号を渡り、志賀直哉旧邸への小道と、「新薬師寺へ一〇〇㍍」の案内板を見送って緩い坂道を歩いていくと、春日山遊歩道入口に突き当たる。ここを右下へ回り込んで飛鳥中学校の校門前を通って東へ進む。家並みが途切れ、森の中に入ると能登川沿いの道となる。大和青垣国定公園特別地域となり「三・二キロ峠の茶屋」と道標が出る。

　消えかけた案内板と「妙見宮五丁」の石柱を見送ると、滝坂道と呼ばれ、江戸中期ごろ奈良奉行によって敷かれた石畳が途切れ、途切れに出てくる。この道は、柳生から奈良へ米、薪、炭を牛馬で運び、日用品を積んで帰る道として昭和初期まで利用されていた。

　寝仏を過ぎると、左山手に夕日観音がある。この辺りは、森の木陰で陽射しが遮られて暑さが感じられな

芳山石仏

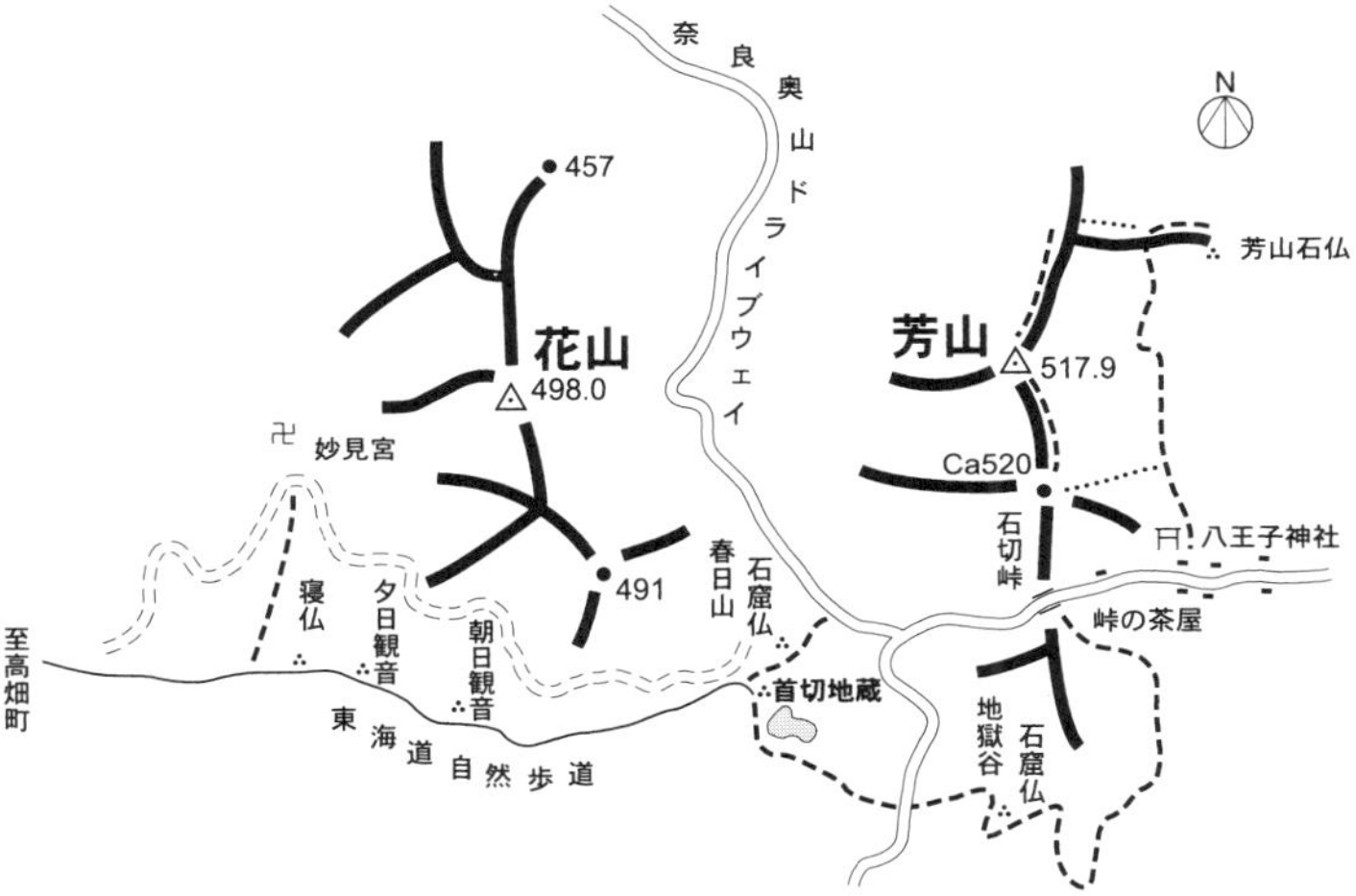

い。橋を左岸へ渡ると、対岸に朝日観音が望める。早朝高円山の頂から差し昇る朝日にまっ先に照らされることから名付けられたもので、実際には観音ではなく弥勒仏を中央にして地蔵仏が左右に並ぶ。文永二年（一二六五）の銘があり、鎌倉時代の代表的な石彫で、夕日観音と同じ作者であると説明板には書かれている。

橋を渡り右岸へ、また左岸へ渡り返すと水の流れが緩くなり、二俣（新池と峠の茶屋への分かれ）まで来ると、休憩用の六角形のあずまやとトイレがあって、等身大の首切地蔵が建っていた。荒木又右衛門がためし斬りしたと伝えられる地蔵さんで、鎌倉時代の作という。新池への道を見送り、「峠の茶屋一・一キロ」の道標に従う。自動車道（春日山遊歩道）が近づいて来てまた離れる。しばらく登ると、左上に春日山石窟仏を見て、奥山ドライブウェイに出て右へ、地道を行くと舗装路となり二俣。ここで

左の舗装路を登ると石切峠で、地獄谷石仏へ下る山道が付いてる。

やがて峠の茶屋、ここで一服してから二〇〇㍍ほど歩くと八王子神社で、左の山道に入る。竹林を抜けて山際の道を進んでいくと、茶畑、田圃、池を経て、また茶畑の端から下り道になる入口に「芳山石仏」の道標がある。下生えがきれいに刈られたスギ林の中、沢筋を下る。しばらくして二俣、右へ下る沢沿いの道を見送り、左の山側のトラバース道を行くと、右下からの枝沢の上部に出る。そのまま北へ、ササに隠れた踏み跡を登り、支尾根に出る手前で右への道に入ると、支尾根の端のコブに出る。そこにあるのが芳山石仏で、三角柱の二面に石仏が刻まれている。

支尾根を西へと踏み跡をたどる。稜線に出る手前で踏み跡が不明瞭になるがそのまま登り、稜線に出るとはっきりとした山道が走っていた。「松園家持山」の境界石と「奈良公園」と刻まれた黄色の境界石がある。雑木林の稜線を南へ登ると、奈良公園保安員巡視票の箱が木にくくり付けてあって、その上が芳山頂上だ。ヒノキとマツの下に四等三角点があるが、展望はない。

稜線には切り開きの道があって、「奈良公園」の黄色の境界石が点々と続いていたので、それを追う。この切り開きの道は奈良公園保安員巡視路のようだ。少し下って登り直すとCa五二〇㍍のピークで、「七一三」と刻まれた黄色の境界石がある。ここには、

豪のつもりで歩く　胸のはり　石仏あまた　春の坂道　平成八年三月三一日

と詠まれた札があった。

山頂付近には「大乗院御用地」と刻まれた石柱が横たわっている。そのピークから真西へと切り開きの道が付いていたが、石切峠から地獄谷石仏を見たかったので、東側の谷を下る。スギ林を下ると沢沿いに杣道が現れたのでそれをたどると、先ほどの茶畑の端の「芳山石仏」道標の地点に戻れた。

峠の茶屋から石切峠まで戻り、「地獄谷石仏」の道標に従って南へ。支尾根から急な階段を下って、谷に出て橋を二回渡ると山腹をたどる道となり、その道が広くなって支尾根を巻くと地獄谷石仏であった。この石仏が彫られた年代は、奈良・藤原・鎌倉時代の諸説があって一定しない。大乗院の一僧（山伏）が岩石窟に起居して彫刻したとも言われており、また大仏殿を建てる際、石材を掘り取ったときに石工が彫ったのではとも言われている。ここから高円山ドライブウェイを横断し、新池の横を下って首切地蔵に戻った。あとは登りに利用した道を下るだけだった。（97・8・17）

春日山石窟佛
一、年代　平安末期　久壽二年（一一五五年）八月廿日ノ刻名アリ。
一、作者　今如房願意ト刻名アリ、其伝未詳。
一、佛名　右窟ノ左側壁ハ羅漢四躰及ビ天部。左窟ノ正面ハ未詳、一説ニ五佛（中央）
大日、左右ニ阿閦《アシュク》、宝生、弥陀、釈迦、左壁ハ毘沙門天。
奈良営林署

▼最寄駅：近鉄・奈良駅

▼参考タイム：近鉄奈良駅（50分）飛鳥中学校（40分）朝日観音（10分）首切地蔵（30分）石切峠（5分）峠の茶屋（25分）芳山石仏（15分）芳山（15分）Ca五二〇㍍峰（25分）峠の茶屋（30分）地獄谷石窟仏（20分）首切地蔵（40分）飛鳥中学校（50分）近鉄奈良駅

城山《しろやま》（椿《つば》尾《お》塁《るい》）（五二八・七㍍）

地形図 二万五千分の一「大和白石」

奈良交通バスを興隆寺町で降りる。興隆寺町から北東に入っている谷沿いの道を行くと、ショウガ畑の側で休んでおられた農夫に呼び止められた。

「どこへ行かれるんかね」

「城山です」

と答えると、

「それなら中畑から登られる方がよい…」

と教えていただく。この谷の中ほどにある一軒家まで車道を歩き、田圃への作業道から畔道を登る。名阪国道の側を登って中畑からの作業道に抜け、名阪国道の下の隧道をくぐると、中畑町の北に出た。

　広い舗装の車道を北へと歩くと、途中から地道となる。まだ工事中の道のようだ。峠少し手前の田圃が途切れる地点から左上に向かって一㍍幅の舗装の道が伸

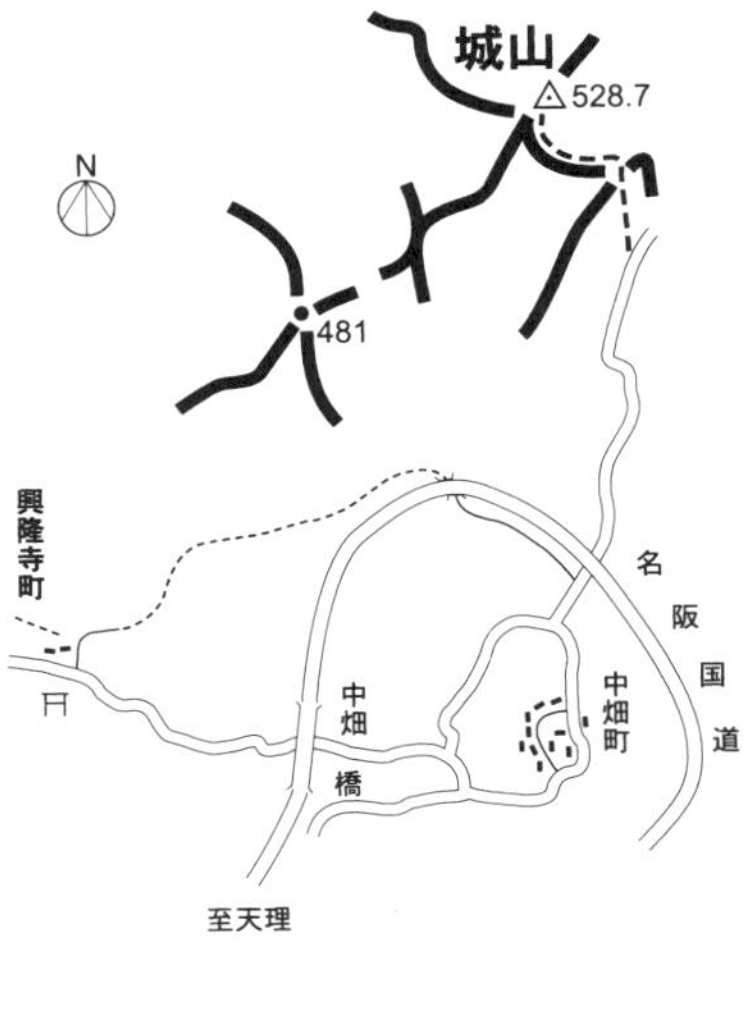

城山、国見岳側から眺める
山姿がよい。

びていたので、それをたどることにする。すぐヒノキ林となり、左右の分かれで右に入る。

緩い登りで稜線に出て左にとると、前方に禿山が盛り上がっている。これが城山で、頂上に登ると北側が雑木林で、鳥居があって「光吉」「光姫」「大宮姫大神」「高城」「高宮」と彫られた石碑が並び、「椿尾山城跡、精華小学校健足クラブ」と書かれた標柱と三角点がある。南側には高峰山、大国見、六八〇㍍峰（国見岳）が並んで見える。

下りは中畑から興隆寺町へと舗装の道を歩いた。この山を登るには私がたどったルートより、中畑から登る方が分かりやすい。

（96・7・13）

大宮姫大神
山頂には石碑が並んでいる

▼最寄バス停：奈良交通・興隆寺町

参考タイム：興隆寺町バス停（50分）中畑（60分）城山（1時間20分）興隆寺町バス停

大和志に椿尾塁《つばおるい》、…五ケ谷村大字北椿尾ノ梲欄山《しろやま》ニアリ、大和志ニ「梲欄城北椿尾村ニ在リ、筒井順慶之ヲ保ツ」トアル即チ是。然ルニ郷土記ニハ「椿尾山城椿尾道宗」トアリテ椿尾氏ノ拠ル所トナセリ。思フニ氏ハ筒井家ノ一族ニシテ嘗テ之ヲ築キシヲ後順慶之ヲ保チシコトモアリシニヤ。後考ヲ待ツ。…として図を掲げ、添上郡椿尾山ノ図、元亀元年築之、筒井順慶公城山字梲欄山、東西三十丁、南北二十八丁、と注釈している。元亀元年と言えば戦国の末期で、松永久秀が信貴山城を根拠に大和攻略をはじめ、東大寺大仏殿が兵火にかかった直後である。松永軍と戦っていた筒井氏が戦略上、この地に拠ったものと考えられる。

『大和青垣の山々』（奈良山岳会編）

国見岳《くにみだけ》（六八〇㍍）

地形図 二万五千分の一「大和白石」

城山（五二八・七㍍）に登ったとき、東側に見上げる山があった。城山より一五〇㍍も高く六八〇㍍もあり、そのうえボリュームがあるのには圧倒された。二万五千分の一地形図「大和白石」の

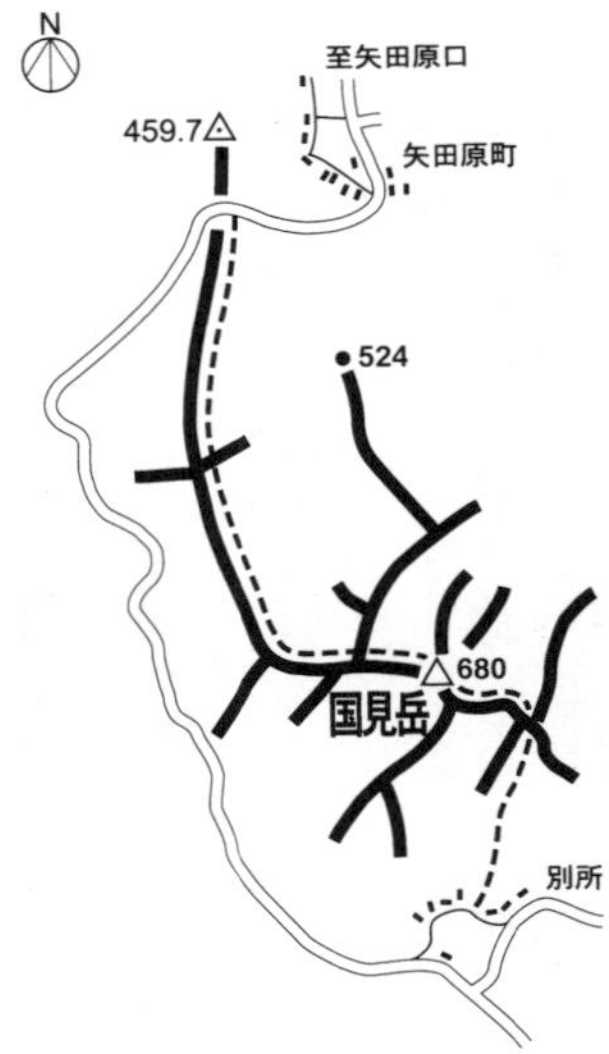

中で最も標高が高いのに山名が記入されていないが、登ってみたい山であった。その後、この山の名が国見岳であることが『大和青垣の山々』（奈良山岳会編）で分かった。

県道八〇号線（奈良名張線）を東へ、矢田原口バス停から県道一八六号線（福住矢田原線）に入ると、前方に国見岳が広がってきた。矢田原の集落を過ぎ、右に回って、国見岳からL字状に北へ向かっている尾根の峠に出た。ここは五叉路になっている。その近くの空地に車を止めて、南に向かう茶畑の作業道に入る。足元にはドクダミやアザミが咲き、スミレ、ハハコグサも見られ、エゴノキの白い花びらが落ちている。電柱No.三一の地点で、右への茶畑の道の彼方に城山が望める。

茶畑が終わり、雑木林を抜けると、茶畑の作業道の終点で市境界尾根に出た。この尾根を左へと踏み跡をたどる。雑木林とササの中に踏み跡を求め、小さなコブを二つ越え、北から来た尾根の踏み跡と合流して右へ少し登ると、太いマツの木に黄色のビニールテープが三本巻き付けてあるピークに出た。そこが国見岳の山頂であった。四、五人は座れるぐらいの広さだ。

「頂上は国見の名にそむかず、三六〇度の大展望が楽しめる。頂上北寄りに、無線通信の大きな反射板が建ち、北あるいは西から登るときのよい目標になる」（『大和青垣の山々』奈良山岳会編）とあったが、北方の切り開きからは西田原の集落が見えるのみで、大きな反射板にも気がつかなかったが、二十四、五年前の話だから、現状とは違っていて当然だ。

少し休んでから南への尾根の踏み跡をたどる。山頂からS字状の尾根を下ると、ヒノキ林の峠状の地点に出た。十字路で、そのまま尾根を進むと⊡六六六・四ﾒｰﾄﾙへ向かう踏み跡に入ってしまったから、戻って南南西へ向かう下りの道を取り、次の谷を巻くようにして隣の支尾根を下った。草木が生い茂って歩きづらい道だったが、やがて茶畑の端に出て、別所の集落に抜け出た。別所からは福住矢田原線の舗装路を城山を見ながら矢田原へ向かった。

（96・6・8）

▼最寄バス停：奈良交通・矢田原口

▼参考タイム：五叉路の峠（25分）作業道終点（25分）国見岳（30分）別所（50分）五叉路の峠

高峰山《たかみねやま》（六三二・五㍍）

地形図 二万五千分の一「大和白石」

名阪国道の国道福住バス停から東へ進み、階段を降りて国道を離れ、北へ信号を渡り、二〇〇㍍ほど歩いて左に入る。ここで前方にアンテナの立つ峰が左右に二つ見える。高峰山はどちらのピークだろうか…。

村道を横断し、砂利採取場で道は二つに分かれた。左に入ると、左は茶畑、右下に産業廃棄物が積み上げられた広場がある。竹林で道はさらに三つに分かれる。左は草が生えている地道、真ん中と右は舗装路。右の舗装路（車一台が通れる）を行く。緩い登りで、道端にはササユリ、ゲンノショウコが咲いている。「タカミネヤマ」と書かれた電柱が続いており、ヒノキ林の中を左側から回り込むと舗装路は終わり、地道となる。

トラノオ、ヘビイチゴが見られて、やがて林道終点。その少し手前の受電盤電柱の所から緩い階段を登ると、ＫＴＰ桜峠局の建物。その横に二等三角点がある。ここが高峰山の山頂で、ヒノキ林の中で展望はない。

下りは西側の頂上直下の小さな鞍部から北へ沢を下る。下生えが少なく、コアジサイ、マムシソウが見られる程度。次の左からの沢の出合で踏み跡も定かでなくなり、草木が混み出した。左上を

高峰山

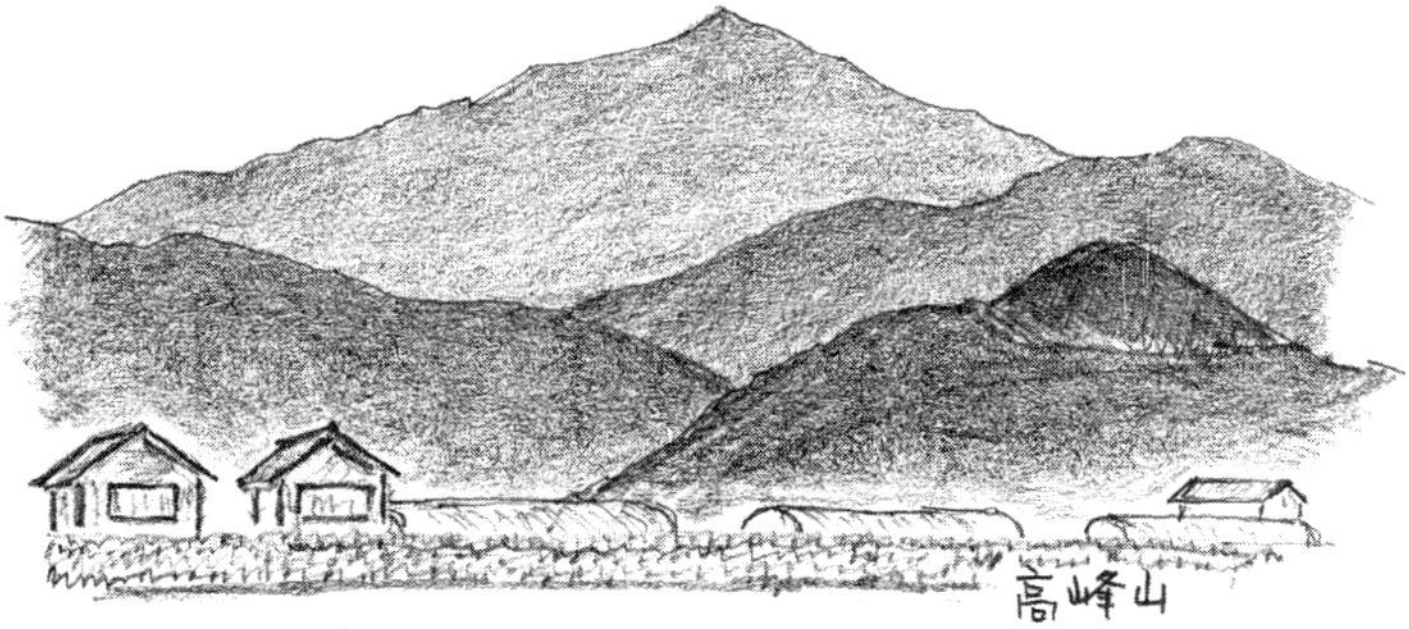

見ると支尾根の端の少し盛り上がった所にアンテナが見えたのでそれを目指して薮を漕ぐ。アンテナに抜けると、車道がそこまで来ていた。このアンテナは高峰中継所で、北の方が開けて花山と芳山が望めた。ここからこの車道を下ると、登りに通った砂利採取場の二俣の地点に抜けた。

帰宅して、昭和四八年（一九七三）八月発行の『大和青垣の山々』（奈良山岳会編）の高峰山の項を読むと、「頂上は杉林が茂って展望はまったくない。ただ珍しいことには、国土地理院が測量に使った三角点標石が二本もあることだ。どうして二本も持ち上げ

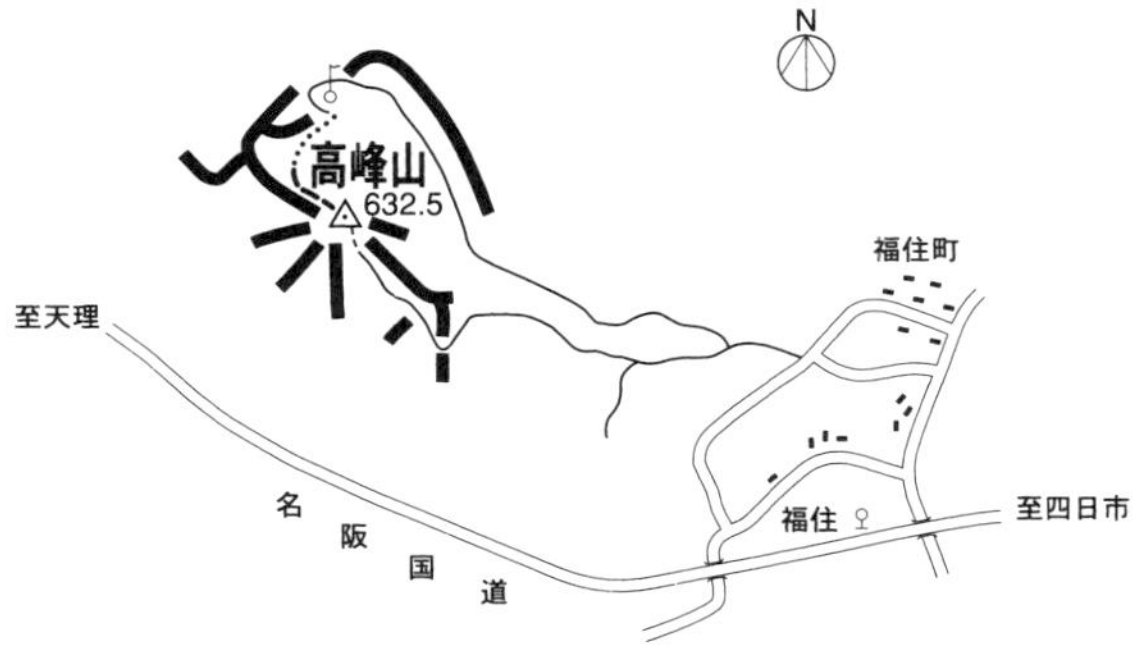

昭和50年頃には三角点が２個あった。（三谷忠男氏提供）

たのか不思議なことである。」と載っていた。今日、山頂には三角点は一個しかなかった。以前、昭和六三年（一九八八）二月六日に私が初めてこの山に登った折にも三角点は一個であったから、一個は後に撤去されたのであろう。（96・6・30）

▼最寄バス停：奈良交通・国道福住
▼参考タイム：国道福住バス停（50分）高峰山（15分）高峰中継所（40分）国道福住バス停

大国見《おおくにみ》（国見山・大岳《おおだけ》）（Ca五〇〇㍍）

地形図 二万五千分の一『大和白石』

天理側から東を眺めると三角形の山が見える。これが、今日登る大国見だ。苣原《ちしゃわら》行のバスを上滝本で降り、村道を北へ五分ほど歩くと桃尾の滝に向かう谷筋の道と合流。舗装された参道で車でも入れ、対岸に神社がある。約五分の登りで、右からの谷の出合に桃尾の滝がかかる。三段一五㍍ほどである。

一㍍幅のコンクリートの道が谷沿いに続き、石仏を見て、急坂が終わると地道になり、アジサイ

山頂の祠

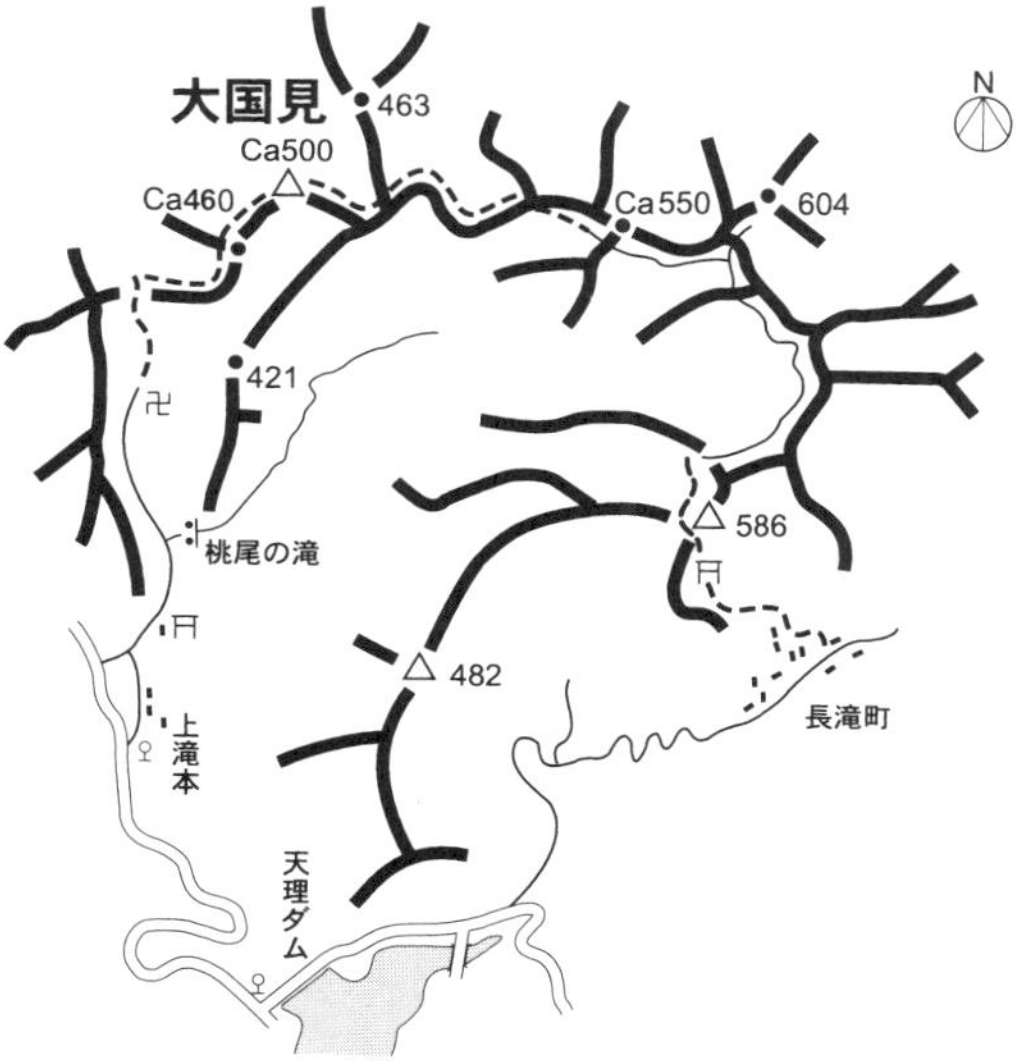

がきれいな大親寺に着く。「〇・九キロ大国見」と道標が出る。宿泊所を過ぎると山道になる。スギ林の登りで「新コース〇・七キロ大国見」と道標が出る。左へ登り右へ折り返して、トラバース気味の登りで稜線に飛び出た。そこは峠らしき雰囲気であったが、次のコルがほんとうの峠で、大親寺側からの道（旧道のようだ）がこれを越えて岩屋町へと下っている。

峠からは溝状の山道で、ヒノキ林に足元はササ。・四六〇㍍のコブを巻いて大国見への最後の登りになる。大きな石が出てきて、やがて小さな祠のある山頂であった。「御山大神」と刻まれた石がある。小雨の後で展望はきかなかった。

少し休憩して、東南への稜線の踏み跡をたどった。南へ下る踏み跡を見送り、東への稜線をたどる。左側から名阪国道の車輌の行き

交う音が聞こえてくる。今度は北への踏み跡を見送って、東への稜線を忠実にたどると、やがて登りが続く。今登ってきた大国見より高度がどんどん上がり、ピークのような地点（・六〇四㍍峰から西のCa五五〇㍍の所）に出た。南の方から林道が来ていたが、この林道はもう利用されてないようで、草木に覆われている。ヒメジョオン、ホタルブクロ、トラノオ、コアジサイが咲く中をうねうねと尾根沿いに続く林道を進むと、Ｔ字路に出た。左は桜峠方面へ向かっているようだ。天理ダム側へ下りたかったので右へ行く。低木をくぐり抜けなければならない所が出てきたりして、・五八八㍍峰を巻いたところで林道は終わった。

ここから藪漕ぎをさせられると思いきや、その先に神社跡があった。瓢箪のような形の小さな池があり、「龍王神社」と石に刻まれているのが読み取れるが、今はもうお参りする人もなく荒れたままになっていた。この上のピークは・五八八㍍峰で、共同アンテナがある。南へ急なコンクリート板の階段を下ると緩やかな支尾根の道になり、やがて足下に田圃が見え、長滝町に出た。

龍王神社のことを近くの民家で尋ねると「雨乞いの神様で、池の水は干ばつのときでも枯れないし、干ばつのときにはお参りをした」という。天理ダムが出来てダムの水は下の村々の農業用に利用されているが、ここ長滝町の田圃は天然の水でまかなっているとうかがった。村の入口の勧請縄をくぐり、天理ダムバス停へと向かった。（96・7・7）

▼最寄バス停：奈良交通　上滝本・天理ダム

▼参考タイム：上滝本（10分）桃尾の滝（10分）大親寺（15分）峠（15分）大国見（30分）・六〇四㍍の西のCa五五〇㍍（25分）・五八六㍍峰（15分）長瀬（40分）天理ダム

大国見（国見山）は標高五〇〇㍍ピラミッドの美しい山容を誇る。頂上付近には磐座の跡と思われる巨岩が点在し、山頂には御山大神と刻まれた石と小さな祠が祀られている。眼下には天理市街と奈良盆地が開け、生駒山から奈良奥山方面、遠くは木津川まで一望でき、展望を楽しむことができる。

この桃尾の滝は布留の滝とも呼ばれ、古くから行場としても知られ、古今和歌集にも詠まれており、紅葉の頃が美しい。このあたりは和銅年間義渕僧正によって開かれた龍福寺の境内地で、その後、百年ほど経て弘法大師空海が精舎を興し、真言密教の大道場にしたと伝えられている。明治になって廃絶したが、かつての阿弥陀堂跡には桃尾山大親寺の堂が建ち、点々と残る塔跡の苔むした石垣に往古の面影をしのぶことができる。

（桃尾の滝の案内板より）

龍王山《りゅうおうさん》（五八五・七㍍）

地形図 二万五千分の一「初瀬」「桜井」

『コンサイス日本山名辞典』によると、龍王山、龍王ヶ岳、龍王岳という名の山は二三山も数えられる。ここで紹介する奈良の龍王山については――奈良県天理市と桜井市との境。桜井線柳本駅の東三㌔。笠置山地の南西に位置し、主として花崗岩類からなる。山麓一帯は古社寺が多く、南麓にはわが国最古の道といわれる「山の辺の道」が通じている。『万葉集』の柿本人麻呂の歌「衾道を引出の山に妹を置きて山路を行けば生けりともなし」（巻二）にある引出の山に相当するものと思われる。――と記されている。また、龍王については「雨乞いの水神のことで、山頂で雨乞いをしたなど、雨乞い信仰に関係する山の名に多い」とある。

柳本バス停から東へ、駐車場の地点で右の道に入る。北別所公民館を過ぎ、崇神天皇陵の遊歩道を行くと、左に池を見て櫛山古墳がある。次の道標「龍王山・景行天皇陵」で、龍王山への舗装路に入る。竹林が続き、不動の滝を過ぎ、やがて地道になる。右岸から左岸へ渡ると「龍王山古墳群・中世山城跡探究ルート」と立札が出て一㍍幅の道が続く。六体石仏（二体は上部が欠けている）で右への分かれを見送り、金網に石が詰められた道になる。

「宿谷古墳群・龍王山城路」と案内が出て、道の左の谷沿いのスギ林に円墳と横穴古墳が数多く

宿谷古墳群の一つ

見られる。この古墳群は「竜王山古墳群」とも言われ、『奈良の点描　1』（長田光男編）によると、六世紀前半から七世紀後半の全国的にも珍しい大規模な群集墳で、龍王山の西急斜面から尾根上、谷間にかけて横穴古墳三〇〇基、円墳も三〇〇基、計六〇〇基もあるという。また昔から盗掘が多く、古墳掘りで生計をたてる者もいるという噂を耳にした樋口清之氏が昭和三年（一九二八）に調査して『考古学雑誌』第一八巻第八に初めて紹介し、松本

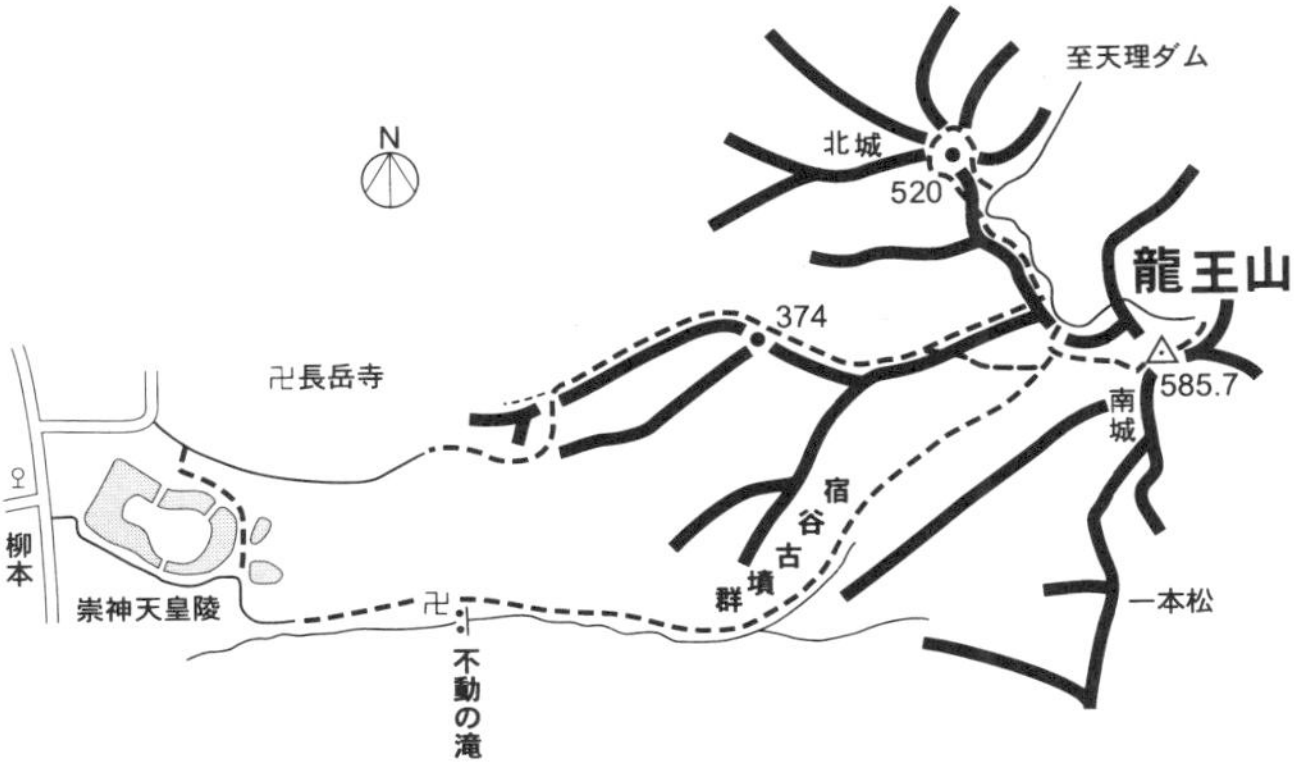

清張の小説『火の路』に出てくる「死者の谷」は、ここが舞台であるという。そんな独得の雰囲気の中、古墳の間を縫うようにして急登が続き、木の階段が出て来た。長岳寺奥乃院への道を見送り、稜線の鞍部に出ると、自動車が通れる舗装道が来ていてトイレもある。この舗装道を登り、藤井田龍王社を過ぎ、舗装道の終点に龍王山城跡の案内板がある。

ここから折り返すようにして山道が稜線上に延びている。展望台に出ると緩い登りとなり、柳本龍王社からの道と合流すると急な階段の登りになった。やがて南城跡で、ベンチとアスレチックが一つ建ててあった。真ん中に二等三角点（五八五・七㍍）がある。あいにく雨上がりの靄で展望は悪く、藤井町集落が望める程度であった。

ベンチで昼食後、柳本龍王社への道からトイレのある鞍部まで元来た道を戻り、北城跡へ向かう。トイレの横から稜線に付けられた遊歩道を登る。展望台を二つ通過するが、樹木が成長していて展望はあまり望めない。

展望台を下り、土橋、馬池を通り、竪堀群の道標を見て、北城の西側を巻く。これはあまり歩かれてない道で草に覆われている。土塁を周り込んで登ると北城跡に着く。南城跡より広い台地で、こちらはギボウシが咲き、自然に戻りつつある。西の端が展望台になっていて、眼下に前方後円墳の崇神天皇陵が望める。

下りは、はっきりしたルートを行く。南虎口経由で舗装道に出ると、ここに「龍王山城跡」と刻まれた背丈ほどの高さの石があったので、ここから登ればよかったのだ。舗装道を登り返して鞍部に戻り、長岳寺への尾根の道を下る。左に柔らかい放物線を描く三輪山が見える。不動尊、地蔵さんがあって、二二〇㍍付近で左への谷道を下る。谷を出ると柿畑が広がる中を抜け、柳本バス停へと向かった。（96・7・21）

▼最寄駅：JR桜井線　柳本

▼最寄バス停：奈良交通　柳本

▼参考タイム：柳本バス停（20分）不動ノ滝（25分）宿谷古墳群（25分）長岳寺奥乃院への分かれ（10分）車道に出る（5分）林道終点（10分）龍王山（30分）北城跡（60分）柳本バス停

龍王山城

この山城は南北の峰に別れていて、北の方が六〇㍍低いが、北の方が大規模である。南北両域を合わせると、大和随一の中世城郭である。二ヶ所に別れながらお互いに呼応しあって一つの城を形づくっているのを別城一郭の構えという。北城（城台）は標高五二〇㍍の郭を中心に、太鼓の丸、辰巳の櫓、時の丸、五人衆ノ郭、茶ノ屋敷、西ノ大手ノ丸などの郭が幾重にも重なり、土居や堀割、井戸、それに「馬ヒヤシ」と称する水溜などあって、中世城郭としての原型をよくとどめている。南北朝の頃、小さな砦がつくられたのがはじめで、天文年間（一六世紀初）十市遠忠が小さな砦をもとに一大城郭を築いた。遠忠は大和武士として知られているのみならず、歌人としてとくにすぐれていた。その子遠勝の時、永禄一一年（一五六八）七月末、ほとんど抵抗することもできずに竜王山城を明け渡して十市平城（現橿原市十市）へ退いてしまい華々しい籠城戦も行いえず、秋山氏の手に渡してしまったのである。大和一の名城・龍王山城五〇年の歴史は終った。いまでも落城にまつわる幾多の悲しい物語を伝えている。

天理市史より抜粋・天理市教育委員会

巻向山《まきむくやま》（五六七・一㍍）

地形図　二万五千分の一「初瀬」

あしひきの　山河《やまがは》の瀬の　鳴《な》るなへに　弓月《ゆつき》が嶽《たけ》に　雲立ち渡る（巻七・一〇八八）

巻向《まきむく》の　檜原《ひばら》もいまだ　雲居《くもゐ》ねば　小松が末《うれ》ゆ　あわ雪《ゆき》流る（巻一〇・二三一四）

『万葉のふるさと』（高田昇著）によると、この巻向の地に住んだ柿本人麻呂の歌にある弓月が嶽は巻向山の最高峰のことで、古くは垂仁天皇の纒向《まきむく》日代宮もおかれ、車谷には数年前まで多くの水車がかかっていたという。

巻向山へはJR桜井線の巻向駅から東へ、国道一六九号線を渡る。穴師《あなし》の集落を過ぎると巻向川沿いの道になる。やがて右からの谷の出合が奥不動寺に向かう参道の入口だ。巻向駅からここまで約三キロある。この参道をさらに登る。時折、車で参拝する人達が私たちを追い抜いて行く。

谷筋からヘアピンカーブとなって谷を離れる地点で、谷通しの踏み跡があったので、それに入る。入口に大岩があり、お供え物がしてあった。車道の参道が出来て、もうこの道は利用されてないようだ。踏み跡は消えている箇所もあったが、谷筋にそれを求めて登る。分からなくなれば左上に見える車道に出ればよいと考えていたが、うまくたどることができて、はっきりとした山道が現れ

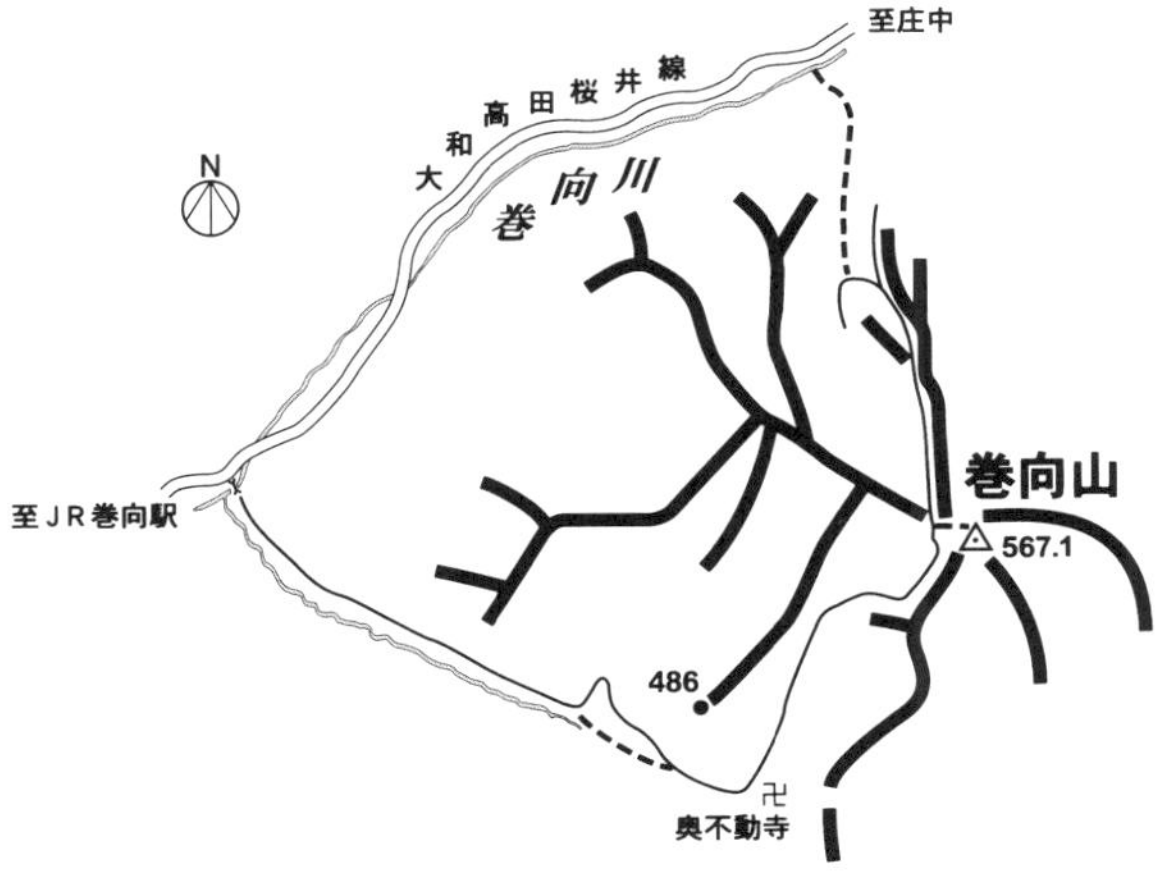

巻向山　朝倉駅付近より

ると奥不動の滝に至り、小屋がある。ここを登ると先ほどの舗装の道に出て、目の前に大聖不動明王の旗が立つ奥不動寺の駐車場であった。関西唯一の北向き不動で、正式には真言律宗巻向山奥不動寺と称し、衝突激突の魔除のご利益があるという。

　ここから左の谷筋に舗装路が延びていたので、それに入る。登り詰めると右にカーブして稜線のコルに出た。ここから地道になる。正面には巻向山の頂上部分が突起している。その突起の左下を巻くようにして、巻向山の左の肩に着いた。右の灌木帯に踏み跡を求めると、五分もかからず三角点があった。灌木帯で展望はなかったから、先ほどの林道の肩の地点に戻って食事にした。ここからは音羽三山、金剛山、葛城山などが望める。

　林道は稜線上を東へ向っている。二俣で左へ、また次の二俣で左に進んだが、左へカーブして登りとなったので、谷筋の杣道を見つけて下ることにした。足元の草木が刈ってあって歩きやすかったが、一〇〇㍍ほどで、薮に捕まってしまった。それを抜けると谷が狭まり、石がゴロゴロある急な下りになった。慎重に下ると巻向川沿いの県道大和高田桜井線の白いガードレールが見え、谷筋の道も緩くなり、巻向川に出合った。

あとは県道をテクテク歩き、巻向駅へと向かうだけだった。（96・9・8）

▼最寄駅：JR桜井線　巻向

▼参考タイム：JR巻向駅（1時間）奥不動寺参道入口（45分）奥不動寺（30分）巻向山（50分）県道大和高田桜井線に出る（1時間30分）JR巻向駅

奈良・桜井「纒向石塚《まきむく》」
卑弥呼と同時代　前方後円墳
盛り土から三世紀初頭土器出土
定説を半世紀さかのぼる

邪馬台国の有力候補地の奈良県桜井市にある纒向《まきむく》石塚古墳を発掘調査していた桜井市教委は十一日、古墳は三世紀の第一・四半世紀（二〇一―二二五年）の後半ごろに築造されたことが分かった、と発表した。出土した土器で年代を割り出した。前方後円墳の出現は三世紀後半と考えられてきたが、その時期が約半世紀早まる可能性が出てきた。発表された築造時期は、女王・卑弥呼の時代と重なり、邪馬台国の所在地論争にも影響を与えそうだ。

（一九九六年一二月一二日「朝日新聞」朝刊）

三輪《みわ》山（四六七・一㍍）

地形図　二万五千分の一「桜井」

近鉄の桜井駅で降りると三輪山の柔らかい稜線が望める。桜井の市街地を抜けて大和川を渡り、山の辺の道に入る。海柘《つば》榴市観音を過ぎ、金屋の石仏を見るころになると三輪山の麓である。「神山《おやま》立入禁止」「歴史的風土三輪山保存地区」と看板が山際に出てくる。大神《おおみわ》神社のご神体そのものである三輪山の登り口は、大神神社から少し先にある狭井《さい》神社から登ることになる。受付に登山の申し出をして、住所氏名を記入し登山料を支払う。カメラを預け、『三輪山参拝証』を受け取ってタスキ掛けにして出発。

登山口のしめ縄をくぐり、木の階段を登ると支尾根に出た。有刺鉄線が張り巡らされているので山道から林の中へは入れない。支尾根から左へ下り、沢通しの登りとなる。椿の花びらがあちこちに落ちている。神の山だけあって霊

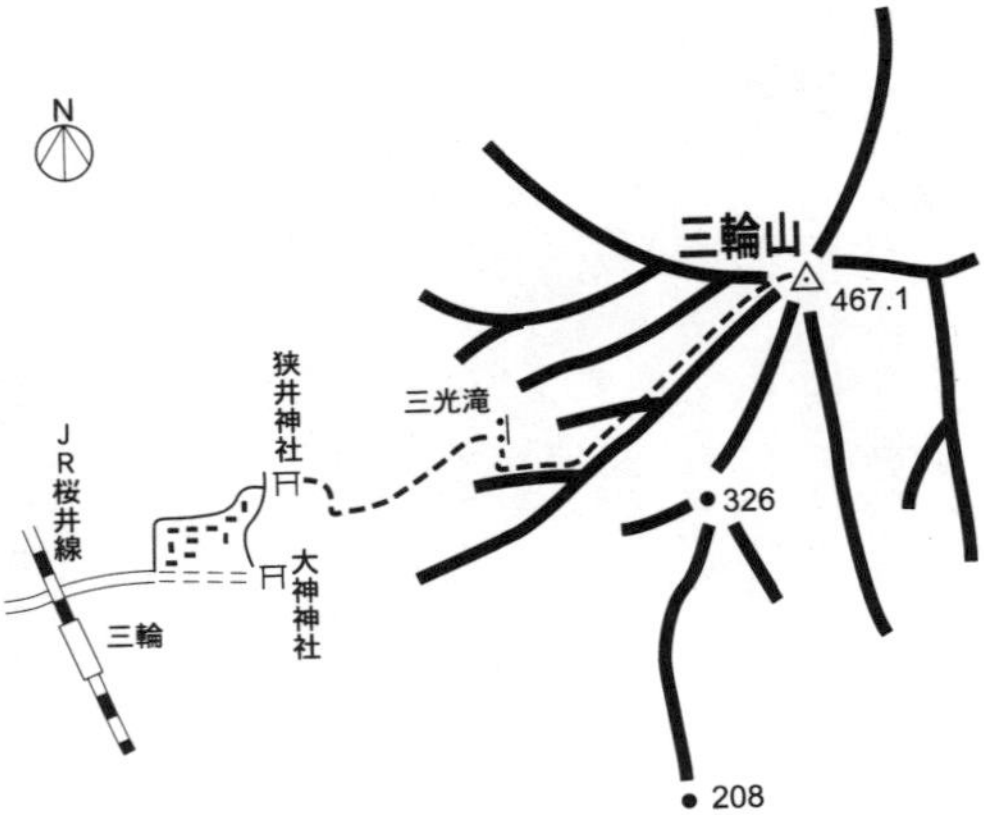

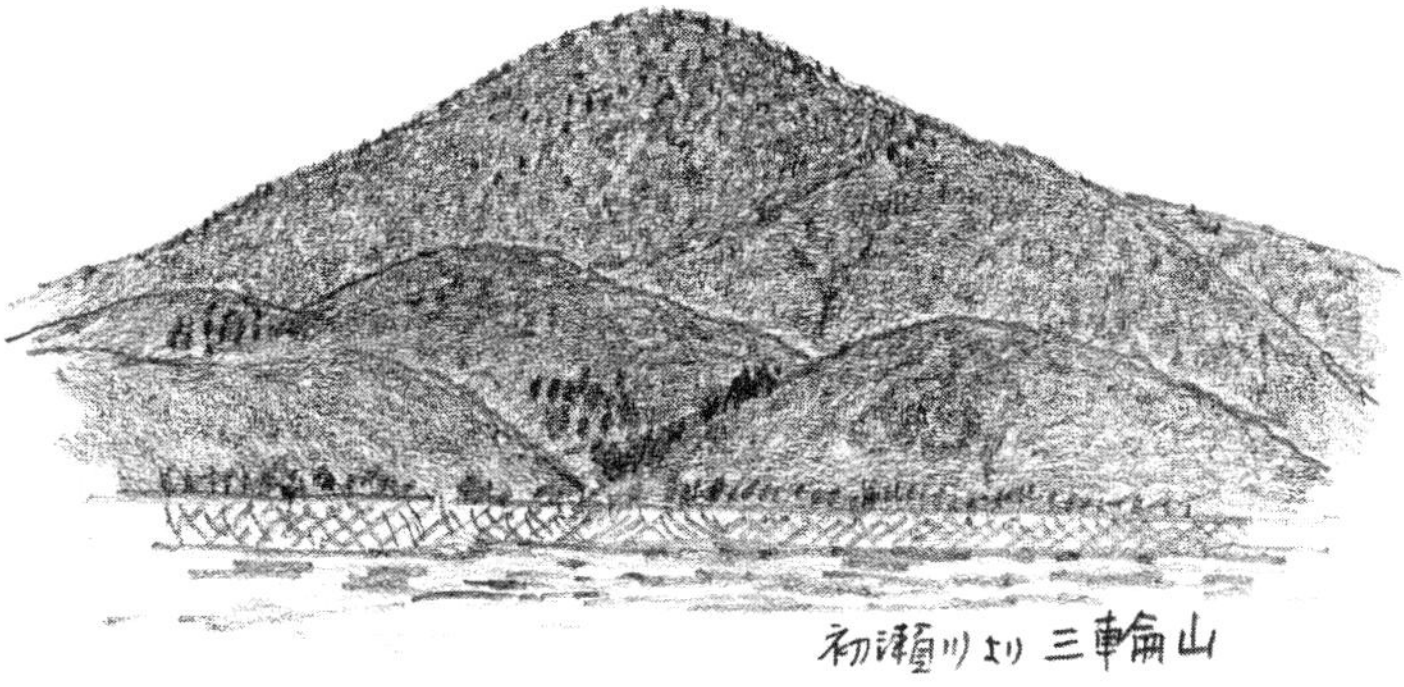

気を感じる。

三光瀧休舎に着くとお山参り参拝者から「ようお参り…」の挨拶を受ける。ここからはジグザグの登りで右の尾根に出た。JRの電車の音が響いてくる。左側は有刺鉄線で磐座《いわくら》が囲まれている。登るに従ってしめ縄の掛けてある磐座が多くなり、その陰で白装束のご夫婦が座って般若心経を一心に唱えておられる。また、大杉の前でかしわ手を打ち、手を合わせる家族連れも見られる。

緩い登りになると山頂で、大神神社摂社高宮神社の祠が建つ。御祭神は日向御子神、例祭四月九日とある。三角点は祠の東側にある。最高点には磐座があって、しめ縄や白いご幣が下がっていた。ご神体山だからハイキング気分では歩けないが、独得の清々しさがある。参道以外は歩行禁止なので、登ってきた道をそのまま折り返して下った。

（96・5・12）

▽最寄駅：近鉄・桜井　JR桜井線　三輪

▽参考タイム：桜井駅（30分）海柘榴市観音（10分）金屋の石仏（20分）狭井神社（15分）三光瀧休舎（40分）三輪山（1時間）JR三輪駅

入山者の心得

大神神社は古来より御本殿がなく、三輪山は神霊の鎮まります神体山として信仰され護持されている神聖な御山であります。この山は無断入山することは出来ません。但し、特に登拝を希望される方は摂社狭井神社受付に願い出の上、左の定めを必ず守って参拝して下さい。

＊参拝者証タスキを受け肩に掛け、お祓いして敬虔な念を以って登ること。
＊カメラ類の持ち込みを禁ず。
＊登拝禁止日　二月一七日、四月九日、四月一八日、一〇月二四日、一一月二三日、正月三ヶ日は大祭日、中祭日につき入山禁止。
＊三時間以上の入山を禁止。

三輪山《みわやま》の　山辺《やまべ》まそ木綿《ゆふ》　短木綿《みじかゆふ》　かくのみゆゑに　長くと思《おも》ひき
巻二－一五七

三諸《みもろ》つく　三輪山《みわやま》見れば　こもりくの　泊瀬《はつせ》の檜原《ひばら》　思ほゆるかも
巻七－一〇九五

第2章　東部

大和高原

一体山《いったい》（五九五・一メートル）

地形図 二万五千分の一「柳生」

この山へは山頂にあるNTTのマイクロ中継所への舗装路が大平尾から出ていて、そこから以前登ったことがあるが、今回は別のルートから登ってみたかった。

大柳生から県道四七号線（天理加茂木津線）を行くと、上出を過ぎるころ、左に林道一体線があった。近くの道路脇に駐車し、これに入る。少しの登りで北方に鷲峰山が望める台地に出る。眼下には田圃が広がり、畔道にはアカツメグサ、シロツメグサが咲いていた。道が分かれる地点では「一体山へ」という道標に従い、そのまま林道一体線を行く。田圃が終わり、竹林とヒノキ林が出てきて山腹を巻くようになる。道端にはホタルブクロ、トラノオが見られ、林道は一体山の北面をジグザグに登り出す。この林道は一体山から北に延びる尾根の鞍部を越えており、その鞍部が見え出す地点に、右へ入る林道があるので、これに入る。林道は回り込んで

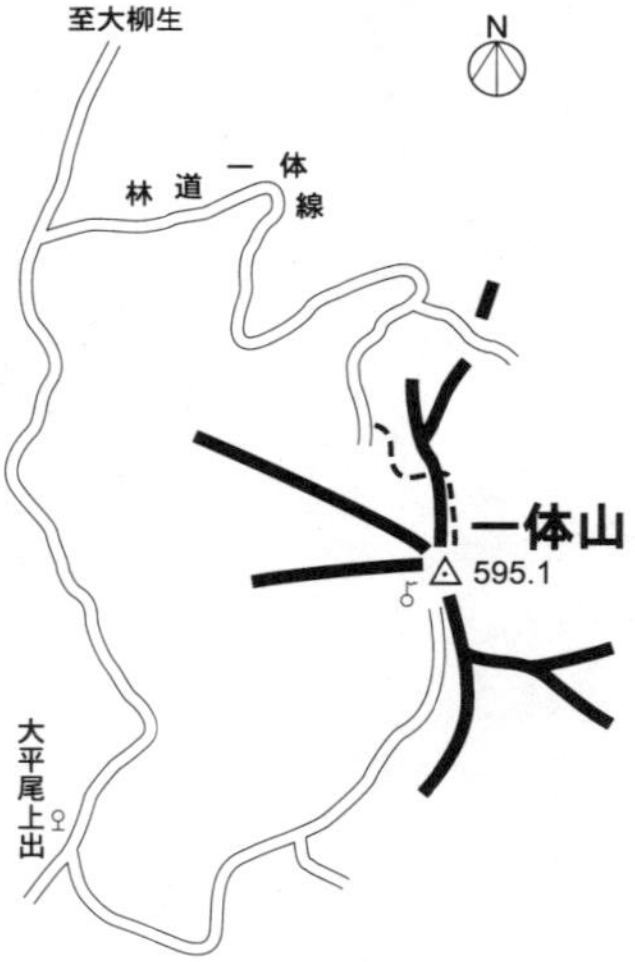

南向きに変わり、西面の山腹を行くようになった。

しばらくすると、そのまま山腹を行く道と左上へ登る道とに分かれる。左上へ登る道を選ぶ。今は使われていない草ぼうぼうの林道だ。樹林の少ない明るい登りで、左へ巻き出すとクヌギなどの雑木林が現れ、主稜線に出た。それを南にたどるとヒノキ林の中の山頂に着く。

「宝暦十三年」（一七六三）と刻まれた役ノ行者像があった。「昔は行者参りがあった」と、農作業をしている人から下山後伺った。その横に二等三角点がある。山頂はヒノキ林に囲まれて展望はない。関西電力一体無線中継所が建ち、以前あったNTTのマイクロ中継所は空地になっていた。

下山は南へ舗装の道を使う。ヒノキ林の下に咲く梅雨の花・アジサイを見ながら大平尾上出バス停へと下り、県道四七号線を北へたどり、車を置いた林道一体線の登り口へと戻った。

なお、一体山の名前の由来について、麓で尋ねても分からなかったが、『大和青垣の山々』（奈良山岳会編）に「一体山の南側を、大平尾から御影《ごえい》に越す古い道が通じている。この道はかつて柳生藩主が奈良へ通った道だといわれ、また月ヶ瀬観梅の一つでもあった。いまも石畳が残っているとか。また古い石仏もあるらしい。一体山の名はこうした仏体に由来するものではなかろうか。」と出ていた。（97・6・21）

▼最寄バス停：奈良交通　・大柳生、大平尾上出

▼参考タイム：林道一体線起点（40分）右への林道分かれ（10分）左上への草深い林道（10分）一体山（30分）大平尾上出バス停（30分）林道一体線起点

神野山《こうの》（六一八・八メートル）

地形図　二万五千分の一「柳生」「月ヶ瀬」「大和白石」「名張」

大和高原は、ほとんど花崗岩質より成り立っているが、神野山だけが異なっていて、角閃斑《かくせんはん》れい岩という深成岩（火成岩の一種）より成っている。角閃斑れい岩は、岩質が花崗岩より非常に堅いので、この地域が次第に準平原化する際にこの岩石のみが浸蝕に耐えて高く残った。これを地形上「残丘《ざんきゅう》」と呼んでいる。その後、高原が現在の形に隆起したので、残丘の神野山は、高原上にそびえることとなったという。

神野山は、緩いスロープを描いた円錐形の山で、遠くからでもその山姿はすぐ分かる。山頂から北面一帯は、ツツジ、モミジ、ツゲ、モクレン樹園、イチョウ樹園、サクラ樹園等があって、その中をめぐる遊歩道が整備されている。また、中腹には羊の「めえめえ牧場」や「羊毛館」もあるので、山頂一帯からこの辺りまで休日はハイカーや家族連れで賑わっている。

登山ルートは、山添村北野から羊毛館の近くの駐車場まで車で乗り付けて登る人がほとんどで、私もそのルートで二回神野山に登っているが、今回は神野山登山口から登ることにした。

神野山登山口バス停の先の三叉路（「神野山二・六キロ」と道標あり）で広域農道に入るとすぐ山添村森林組合の建物がある。ここを左へ、舗装路を道なりに登って行き、墓地を回り込んでその上に出る。茶畑、溜池を過ぎ、段々の田圃が続く。「神野山へ」の道標で右の舗装路に入ると三〇㍍ほどで「神野山頂へ」とまた道標が出て、右の山道に

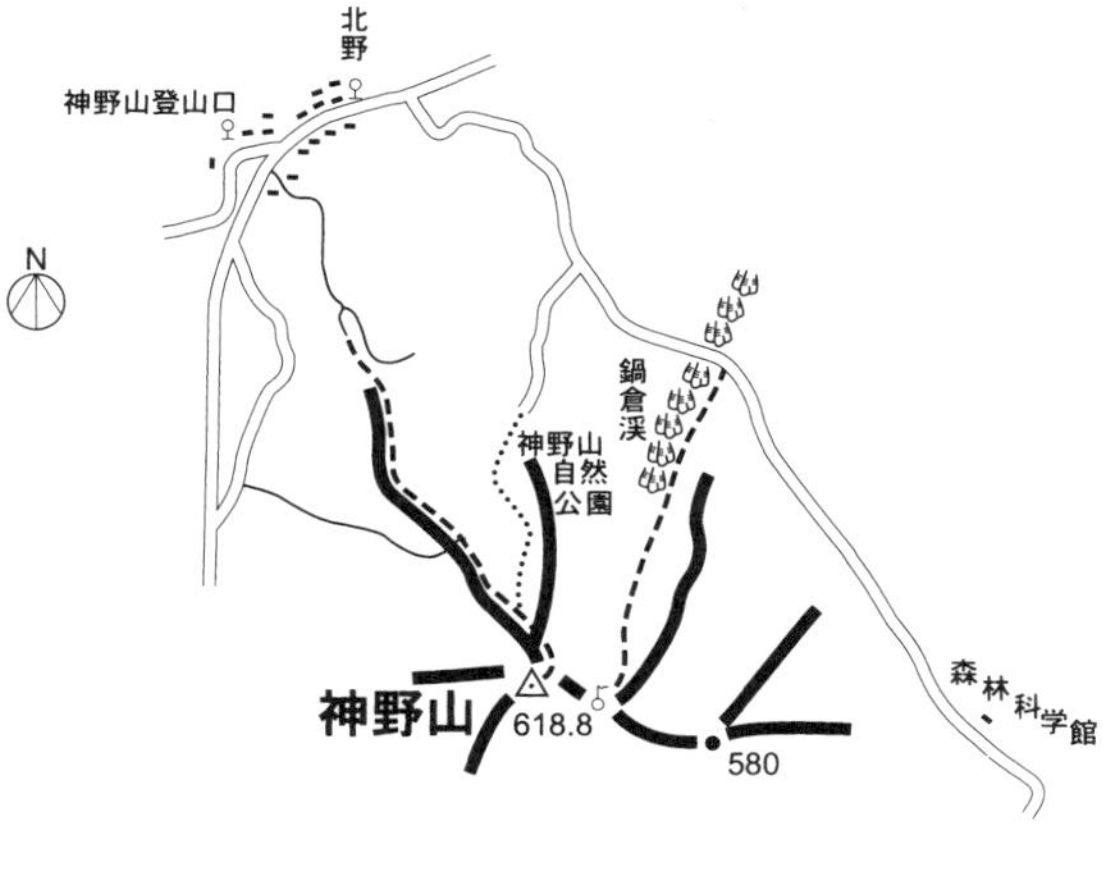

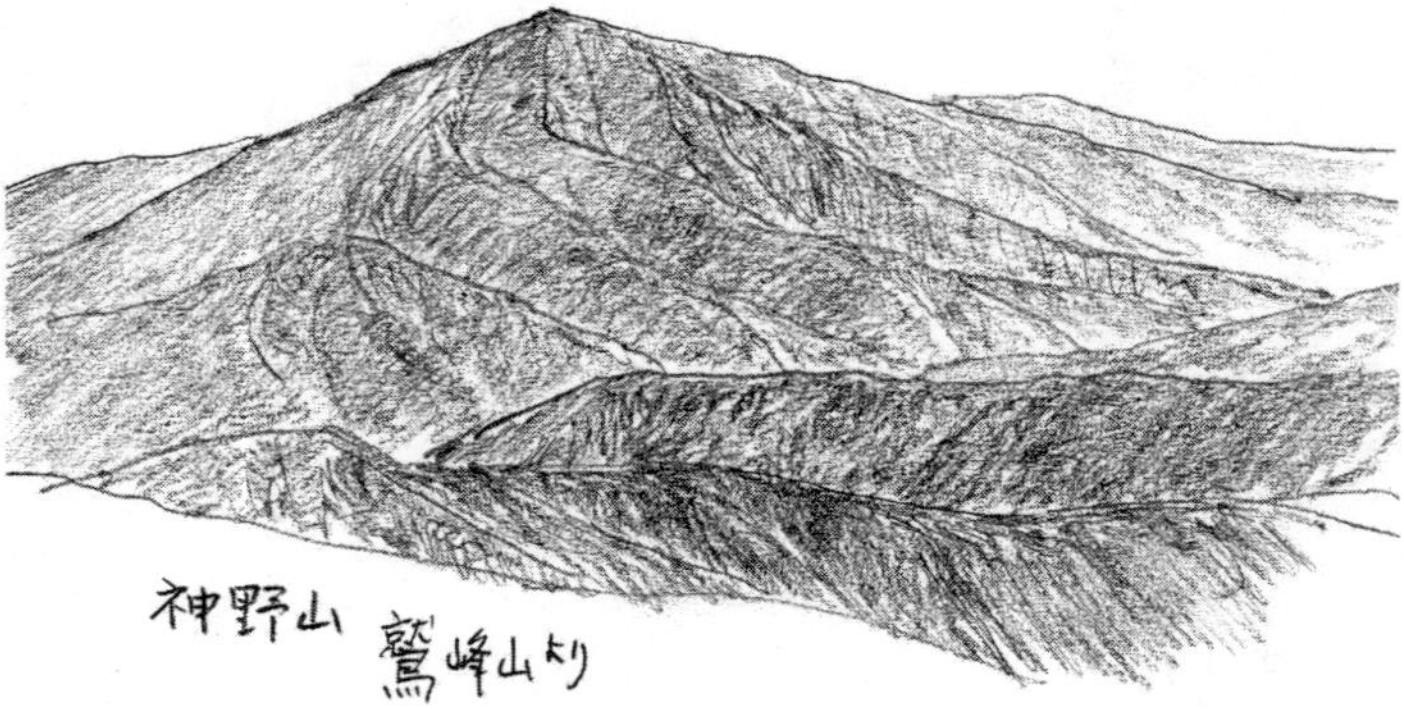

入る。左側はまだ茶畑が広がっていたが、やがてアカマツと雑木林になった。右下からの道と合流して林道を横断すると「山頂へ」の道標が出る。

マツが多くなると山道が左右に分かれるが、右の広い道を選ぶ。一人だけ通れる細い山道になるが、やがて林道に出ると、すぐに終点で、NHK山添村テレビ中継放送所の建物がある山頂に着いた。一等三角点（点名「神野山」）があり、位置は北緯三四度三九分五二秒七七五、東経一三五度五九分五八秒〇五二で、標高六一八・七七㍍、設置年は明治二二年（一八八九）である。山頂には展望台もあって、それに登ると南は曽爾山群の国見山、住塚山、台高山脈、三郎ヶ岳、大和富士の額井岳、香酔山と貝ヶ平山、西に金剛・葛城山脈、大和高原の一体山、北は鷲峰山から童仙房が望める。山頂一帯にはツツジが咲き、

「藤も咲き　つつじも咲きし　伊賀大和」

と阿波野青畝《あわのせいほ》句碑がある。

その句碑の隣りにこんもりとした塚がある。これは、王塚《おおつか》

と呼ばれる墳丘《ふんきゅう》で、古墳の古代祭祀跡か、あるいは経塚といわれている。この塚に続く自然林にはタブの木やマテバシイなど亜熱帯系、温帯系、暖帯系に属する珍しい樹木が繁茂し、植物の宝庫と見なされ、植物学上も注目すべきものがあるという。

さて、奇勝「鍋倉渓」を見たかったので、ここから東へ、「鍋倉渓・天狗へ」の道標に従い、遊歩道を下る。ふれあい森・健民グランドへの道を見送り、左へ下ったところが鍋倉渓で、大小の黒々とした岩石が塁々と重なりあい、珍しい景観が長さ六〇〇㍍余り続く。

「前地質時代に山の表面が風化して土壌化する際に角閃斑れい岩の特に堅い部分が風化に耐えて岩石のまま残り、当時谷底に自然に集まったもので、その後、地形変化に伴って現在のようになっ

王塚

鍋倉渓

たものと考えられています。そして、流れくだる水は一層谷底を深く浸蝕して岩石の下をくぐり、全くの伏流となったものといわれています」と説明板に書かれてあった。

伊賀の天狗と神野山の天狗が喧嘩をしたとき、この岩を投げあったという伝説もある。また、「なべくらの下を流れる水を見たら百万長者になれる」という言い伝えがあると古老から伺った。堆積した岩が煤けた鍋の底を思わせることから、鍋倉と言われるようになったようだ。

鍋倉渓を下ってふれあい森・健民グランドへの車道に抜け、この車道を北野バス停へ向かった。車道の道端には「つつじまつり・神野山」と染め抜かれた幟が並んでいた。

神野山一帯は、昭和五〇年（一九七五）に県立自然公園に指定され、毎年五月には、山麓の村々から「神野山登り」といって、農作業を休んで登山する風習が残っている。（97・5・25）

▼最寄バス停：奈良交通・神野山登山口・北野

▼参考タイム：神野山登山口バス停（45分）神野山（25分）ふれあい森・健民グランドへの車道に出る（30分）北野バス停

ダケノボリの習俗

浦西　勉

山添村に神野山（岳）があり、この地に五月三日、コウノサンマイリが山麓の人々によって行われる。ダケノボリと言う。山頂近くに神野寺、弁天が祭られており、お参りをして、山頂で食事をとる。この頃ツツジが満開で、ツツジ祭りとも言う。

（『妣なる山に祈る』山村民俗の会編）

都介野《つげの》山（六三一・二㍍）

地形図 二万五千分の一「初瀬」「大和白石」

都介野《つげの》山の麓に三陵墓東古墳がある。大和高原・宇陀古墳群の中でも最大級の前方後円墳。後円部径約七二㍍、前方部長約三九㍍の規模で、墳丘斜面には葺石が施され、後円部は三段になっていて各段と墳頂部には埴輪が並んでいたという。五世紀後半につくられ、銅鏡、玉類、鉄製武器、工具類が多数出土したと伝えられているが、『古事記』『日本書紀』には「都祁直《つげのあたい》」「闘鶏国造《つげのくにみやつこ》」と出ていることから、有力な支配者の墓だと説明板に書かれている。だから、都介野山の都介野と都祁村の都祁は「都祁直」「闘鶏」に由来するのだ。

この三陵墓の西の南之庄東口バス停から南の道に入るとすぐ二俣で、左の道に入り、次の分かれで左の尾根道へ登ると車一台幅の地道になる。急坂の所はコンクリート道で真ん中が階段だから、車も人も通れるよう配慮されている。コナラ等の雑木林になり、足元にはシロオニタケが生えていた。右に回り込んで隣の尾根と合流すると十字路、左の急坂の木の階段を登る。

左ヒノキ林、右雑木林の道を登ると、右に役ノ行者を祀る小さな祠

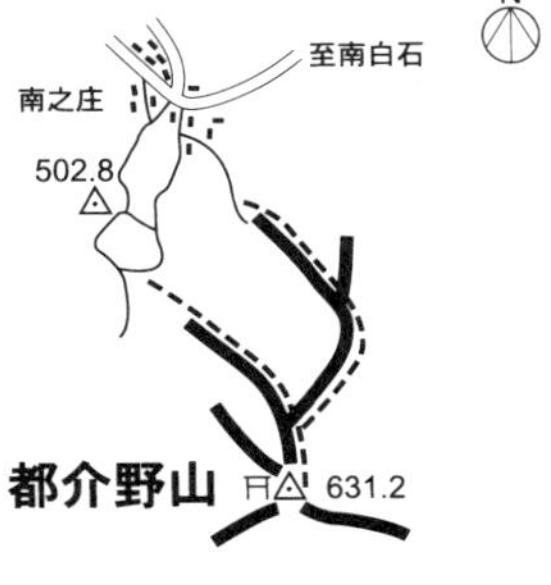

があって、すぐに頂上、龍王神社があり、四等三角点の横にオニユリが咲いていた。高さ一㍍三〇㌢ほどの朽ちかけた木の鳥居とその後に石が数個ある。ここで昔は、雨乞いの行事があったのであろう。白石にお住まいの石田兼次さん（72）は、「私の小さい頃、たきぎを持って都介野山に登り、篝火を焚き、大どんどをし、お坊さんが鉦や太鼓を叩いて雨乞いをした」と話してくださった。山頂はマツ、ヒノキ林だが、北西が切り開かれていて展望が良い。生駒山、高峰山、国見岳が望める。

　下りは先ほどの十字路まで下り、そのまま続く尾根をたどる。こちらは車道ではなく山道だ。簡易水道がこの尾根筋にあった。下って南之庄のこんもりした森にある四等三角点（五〇二・八㍍）を踏む。秋葉大権現が祀ってあった。

　なお、この山は、その端正な山姿から都介野富士とも呼ばれている。

（97・8・15）

▼最寄バス停：奈良交通・南之庄東口

▼参考タイム：南之庄東口バス停（30分）都介野山（20分）四等三角点（五〇二・八㍍）（15分）南之庄東口バス停

ダケノボリの習俗　浦西　勉

都祁村藺生にダケヤマがある。この山に雨乞いの時に登る。これをダケノボリという。山頂で火を焚き、太鼓を鳴らして、雨乞いをする。
都祁村南之庄の都介野御岳は、この村のダケで同じく雨乞いの時に登る。この都祁村は、各村にダケサンをもっていて、雨乞いの時に登る。

（『妣なる山に祈る』山村民俗の会）

第3章　南部

宇陀・室生

鳥見山《とりみ（とみ）》（七三四・六㍍）

地形図　二万五千分の一「初瀬」

鳥見山を榛原《はいばら》側から眺めるとたおだやかな稜線を描いているが、山全体が人工林に覆われていて魅力に乏しい。しかし、以前鳥見山公園を訪れたとき、案内板で古代まで遡るその歴史の一端に触れ、ぜひ登りたいと出かけた。

貝ヶ平へ登った時と同様に、榛原から玉立までバスを利用した。玉立バス停から大和高原広域農道を南へ玉立橋を渡り、南東詰から階段を降り、玉立山青龍寺参道を行く。青龍寺の手前の貝ヶ平への道を見送り、そのまま進む。一軒家を過ぎて道が曲がると、車一台がギリギリ通れる農道となる。舗装路が地道になり右岸へと続く。

やがて細い山道になり、スギ林を抜けると山腹を

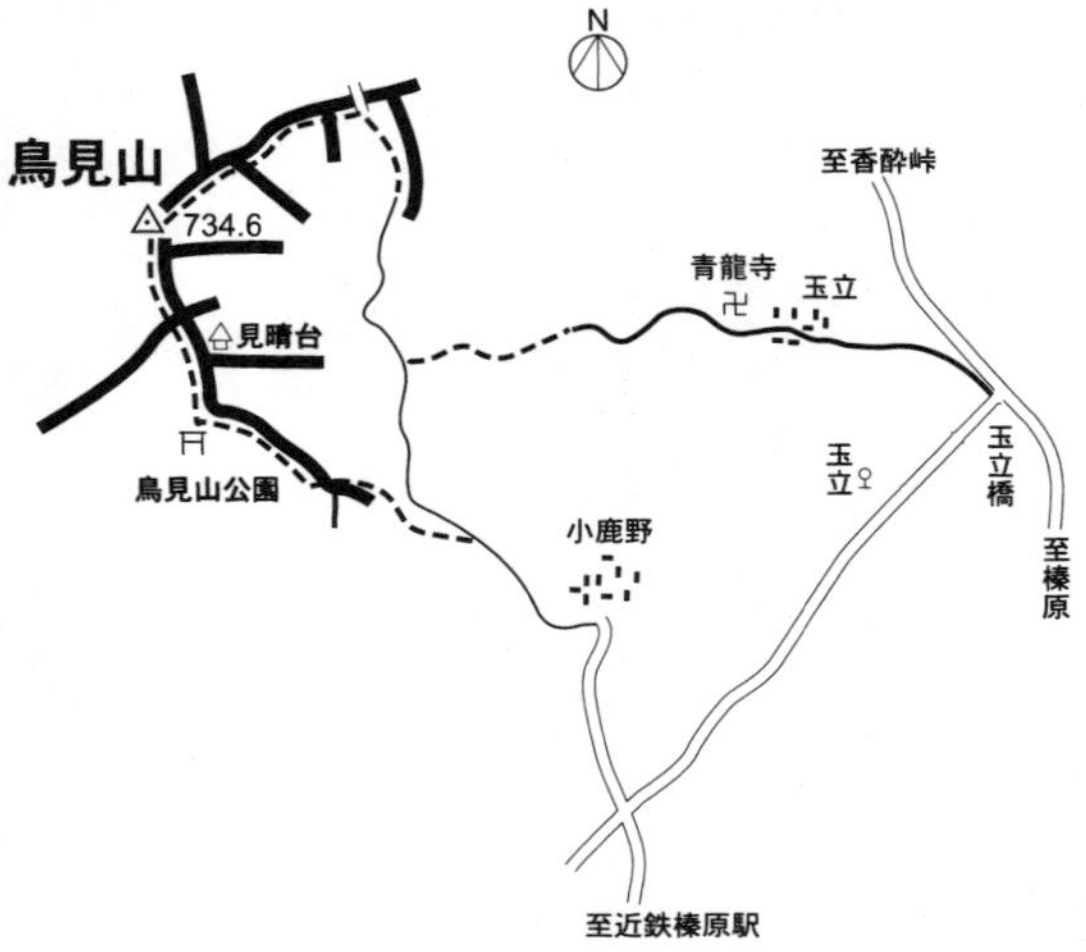

鳥見山

横切っている舗装路に出た。東海自然歩道は左へと矢印が出るが、あまり登られてないコースで鳥見山を登りたかったから、右のルートを取った。小さな緩い支尾根に出てしばらくすると舗装路は終わり、トラバースする道と左上への道とに分かれるが、そのままトラバースの道を進む。

貝ヶ平と鳥見山の中間から南へ延びている支尾根の下を巻くような登りになり、小さい枝沢を横切って、稜線に抜け出ると、貝ヶ平から鳥見山へ続く山道があった。左へヒノキ林の緩い登りを一〇分ほど行くと、四等三角点のある山頂であった。ヒノキ林の中で展望はきかない。

昼食は鳥見山公園で食べようとそちらに向かう。コブのような雌岳を越えると下りになり、東海自然歩道と鳥見山公園の分かれの鞍部状の先のコブが見晴台であずまやがある。伊那佐山、国見山、大台ヶ原山、山上ヶ岳、稲村ヶ岳、龍門岳、熊ヶ岳、金剛山、葛城山、二上山が眺望できる。道標に従い鳥見山公園に下り、トイレの横の山道をジグザグに下ると舗装路に出た。小鹿野の集落を抜け、大和高原広域農道を渡っ

て近鉄榛原駅へ向かった。　（96・6・9）

▼最寄駅：近鉄・榛原
▼最寄バス停：奈良交通・玉立
▼参考タイム：玉立バス停（15分）青龍寺（20分）山腹を横切っている舗装路（25分）稜線（10分）鳥見山三角点（15分）見晴台（5分）鳥見山公園（10分）舗装路に出る（10分）大和高原広域農道（20分）榛原駅

鳥見《とりみ》山と鳥見霊時《とみのまつりのにわ》

鳥見山は榛原町と桜井市との境界にそびえる標高七三四・六メートルの山で、トウベ山とも呼ばれています。この鳥見山の中腹には縄文時代から弥生時代の遺跡が広がっており、自然公園となっています。『日本書紀』神武天皇四年二月条には「霊時を鳥見山《とりみやま》の中に立てて、其地《そこ》を号《なづ》けて上小野《かみつおの》の榛原・下小野《しもつおの》の榛原と曰ふ。用《も》て皇祖天神《みおやのあまつかみ》を祭りたまふ」とあります。神話・伝説上の人物である神武天皇が天地の神霊を祭る場所を鳥見山に築き、そこを上小野原・下小野原と名付けたとされています。この「榛原」が現在の町名の由来となっていますが、江戸時代以前は「萩原《はいばら》」とも書いていたようです。榛原町をはじめ宇陀地方は『古事記』『日本書紀』にたびたび登場し、古代から重要な地域であることを知ることができます。

榛原町

貝《かい》ヶ平《ひら》山（八二二・〇メートル）と香酔《こうずい》山（Ca七九〇メートル）

地形図 二万五千分の一「初瀬」

榛原側より

貝ヶ平と香酔山を榛原側から眺めると、笠を二つ並べたような山姿が印象的だ。玉立バス停で降りると北東に尖った額井《ぬかい》岳（大和富士）がそびえている。玉立橋を渡ると国道三六九号線の信号にぶつかり、右に回り込んで「青龍寺をへて鳥見山二・五キロ」の道標に従い東海自然歩道に入る。今渡ってきた橋をくぐり玉立の集落へ。その集落の端に小綺麗な青龍寺がある。「現在、法華宗に属しているが、かつては玉立山青龍寺と号する御室仁和寺の末寺であった」と案内板がある。

その手前が登山口で、山手に入って畑の道を登るとすぐ山道となり、U字状の削られた道からV字状の道になる。左右の分かれで右に入ってみるが、ほどなく左からの道と合流したので、ひょっとすると先ほどの分かれは左の道でもよかったのかも知れない。六〇〇メートル付近からトラバース道になる。やがて西向きの尾根に乗る。右に香酔山が見え、貝ヶ平も見え始めるころ、化石採取場跡がある。その上に出てトラバース気味の緩い登りでヒノキ林の稜線に抜けると鳥見山からの道との合流点、左への道を見送り、ササの道を登る。やや急坂の登りが終わると肩に出る。ここは香酔山への分岐点である。振り返ると人工林のなだらかな鳥見山が望める。

アケビの花を見ながら登りつめると貝ヶ平山の頂きで、三角点と四面に「妙法奉八大龍王鎮座・妙法奉天竜大権現鎮座・妙法奉小天狗鎮座・妙法奉権大夫天王鎮座・昭和三二年二月二一日」と刻まれた石柱がある。以前は雨乞いがこの山頂で行われたようだ。西側はヒノキ、東側は低木帯で展望はない。

軽く食事をして香酔山への分岐点に戻る。少し下った地点で左右の分かれがあり、香酔山へのコルは右の方だからそちらをとる。ヒノキ林のコルからマツ、クヌギの雑木林にササの急登で香酔山に着く。こちらの山頂は自然林で落ち着くが、やはり展望はない。赤、黄のプラスチック杭に沿って境界尾根の急坂を下る。緩いヒノキ林を過ぎると送電線の鉄塔No.一三、一二、一四への矢印案内板があって、その先に鉄塔と四等三角点（六四六・五㍍、点標名「香酔」）があ

化石採集跡

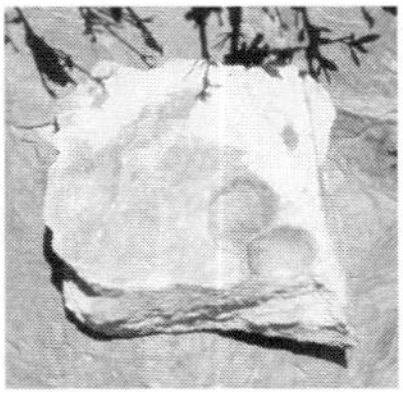
貝の化石

る。矢印案内板まで戻って左へたどると林道の終点に出る。ここから一〇〇㍍ほど歩くと右下へ降りる山道がある。これを下る小さな沢をまたいで、次の支尾根の端を巻くようにして下ると吐《は》山スズラン群生地で、

「この地は海抜五〜六〇〇㍍に位置し、夏季でも冷涼で、周囲にクヌギ、コナラなどの落葉広葉樹が日中の直射日光が林床に届くのを適度にさえぎる役割を果たしている。これらの条件がスズラン

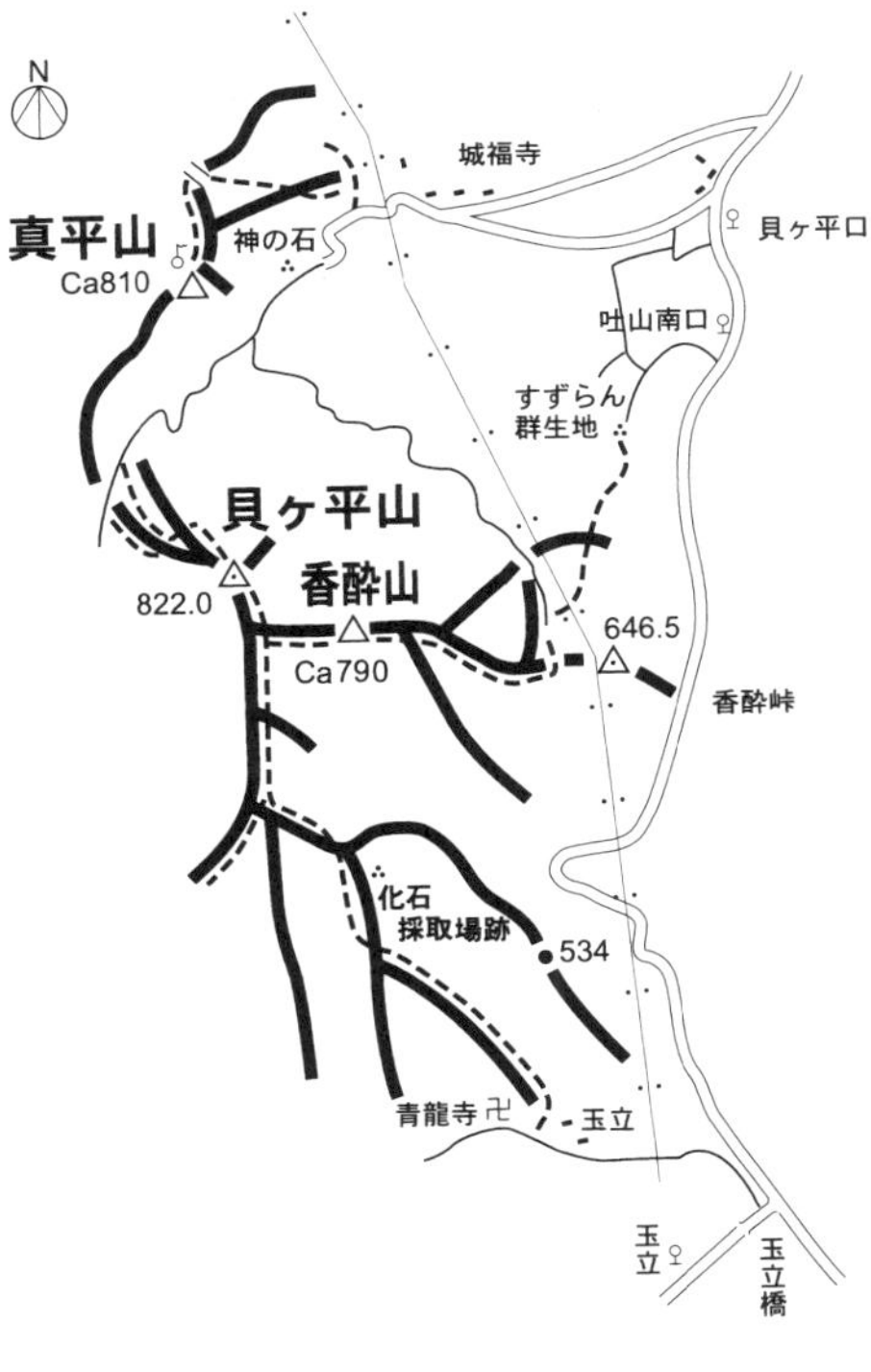

の生育に適しており、この群落が考えられる。開花は五月初旬から中旬で、大きな緑色の葉に囲まれた白く可憐な花を咲かせる。この地はスズラン自生南限地帯における群落の代表的なものとして学術上貴重である」という説明板を見て下ると舗装路になり、そのままたどると吐山南口バス停に出た。　（96・6・9）

▼最寄バス停：奈良交通・玉立・吐山南口

▼参考タイム：玉立バス停（15分）青龍寺手前の登り口（35分）尾根に出る（5分）化石採取場跡（5分）鳥見山からの合流点（20分）貝ヶ平山（30分）香酔山（20分）四等三角点（六五六・五㍍、点標名「香酔」）（15分）スズラン群生地（15分）吐山南口バス停

吐山より真平山に登ってから貝ヶ平山へ

貝ヶ平口バス停より林道城福寺線が西へと延びている。ヨメナ、ツリガネニンジンが道端に咲いており、左から

の舗装の道と合流する。最後の民家で真平山の呼び方を尋ねたが、山名はご存じなく、この山の北側に「立割《たてわり》」という岩があるとのことだった。

その民家を過ぎると右にNHKテレビ放送中継所と「火の用心」と書かれた鉄塔No.八、No.九への道標がある。これが登り口で、左の鉄塔No.九を見送ると、その先に左上へ入る道があった。ササの中に「NHKテレビ中継放送所」と書かれた杭が打ち込まれているので、これが山頂への道に違いない。ササとヒノキ林の登りから右へのトラバース道で鞍部に着く。

ここから雑木林となり、少し急坂になると側面に番号が書かれたプラスチックの階段になる。落葉がつもった階段（No.1から始まっている）で、No.101から170までが最も急坂である。Ca七八〇㍍に鉄塔があって、階段の番号は250で終わり、NHKUTN都祁テレビ中継放送所のあるCa八一〇㍍峰に着いた。南西が開けていて、龍門岳から熊ヶ岳、経塚山、音羽山が望める。

神の石

登ってきたルートを下山し、林道城福寺線から貝ヶ平山を目指す。谷間を登るようになると右側に岩が重なって、立った岩もあり「神の石」と立札がある。左への林道を見送り、アキギリが見られるようになると峠の手前で、左に貝ヶ平山へ入る山道がある。谷沿いのヒノキ林の急登を登り、左からの尾根に抜

けて、緩い登りで山頂であった。（97・10・10）

▼最寄バス停：奈良交通・貝ヶ平口

▼参考タイム：貝ヶ平口バス停（20分）登り口（35分）真平山（30分）林道城福寺線へ戻る（35分）峠手前の登り口（15分）貝ヶ平山

―貝の化石―昔、海だった証拠

貝ヶ平山で見付けられた貝の化石は、いずれも海棲《かいせい》貝化石である。今から二千万年前、奈良県は海の底であった。そのころ、大阪湾から奈良県を経て、伊勢湾へとつながる内海があった。今の瀬戸内海の二千万年前の姿と考えればいい。この頃の内海を「第一瀬戸内海」、あるいは「古瀬戸内海」と呼んでいる。

貝ヶ平山の貝化石の主なもの

二枚貝・オオキララガイ、ザルガイ、ウラカガミ、シラトガイ、チリロウバイ、サラガイ、ユメガヤヒデガイなどのなかま。

巻貝・カイコガイダマシ、タマガイなどのなかま。

（『奈良点描２』長田光男編）

額《ぬか》井《い》岳（大和富士）（八二一・六㍍）

地形図 二万五千分の一「初瀬」

十八神社より

額井岳は、大和富士と言われるだけあって、榛原側からも大和高原側から眺めても三角形の雄姿を同定できる。

榛原北口から西へ行き、国道一六五号線の近鉄沿いの道を東へ、正面に福地岳を見ながら進む。榛原中学校前のフジの花が美しい。福地の信号で左へ、国道三六九号線に入る。今度は正面に香酔山と貝ヶ平山が見えてくる。やがてなだらかな鳥見山がその左に見えだし、天満台へ向かうひのき坂の信号を過ぎるとこれから登る額井岳が顔を出した。宝龍寺の先で右下へ下ると東榛原小学校、これを過ぎて左へ車一台が通れる急坂の舗装路を登ると、額井岳を見上げるようになった。振り返ると三郎ヶ岳から高城山への稜線が見える。

赤瀬を抜けると広域農道（建設中）を横断して東海自然歩道へ。右へ山腹を巻くようにして十八神社に着く。「十八神社由緒、祭神・神倭伊波禮毘古命、創建不詳、往古は極楽寺（現廃寺）の鎮護社であったものを、のち大字額井の産土神として崇敬して現在に至る」と説明板がある。

神社正面の左の道に入ると、額井岳への道標が出てすぐに左から来る山道（これが「学びの道」のようだ――鳥見山青龍寺二・八キロとある）と出合う。いよいよ山道の登りだと思って張りきって歩き出すとアスファルトの道（額井岳林道）に出てがっかり、左へ少し行くと「額井岳へ」の道標が出て一・五㍍幅の工事中の道が延びるその先にショベルカーが見える。少し登り、以前からある山道に入る。登るとまた一・五㍍幅の工事中の道に出合うがそのまま山道をたどる。やがて山道は工事中の道とは離れて、左へトラバース気味に登り出した。南側が開け、高見山から台高山脈、伊那佐山、尖った烏ノ塒屋山、龍門から音羽三山が望めるようになる。

次の分かれで右上への道を行く。人工林のゆるい登りから少し急になり、稜線に抜ける。北側にCa七五〇㍍峰が見え、そちらから来ている山道と合流した。ここからはマツと雑木林が多く見られるようになり、野鳥の囀りも聞こえる。急登が続くがやがてヒノキ林が近づいて、四等三角点と龍王を祀る朱色の小さな祠がある山頂であった。昔は、干ばつのときは「岳のぼり」が行われ、龍王の前で火を焚き雨乞いがなされた。頂上はヒノキ林に囲まれて展望はない。

下りはヒノキ林の急な下りからコル、少し登り直してCa七四〇㍍のピークを下ると額井岳反射板がある。正面に戒場山が見えてきた。周りは自然林になりやがて戒場峠であった。ウグイスの囀りを聞きながら南へ下ると、五分もかからずに林道終点に出た。右へ山腹を巻くように入る林道を見送り、そのまま下ると東海自然歩道に出た。今は田植えの真っ最中、右へたどると山部赤人の墓がある。

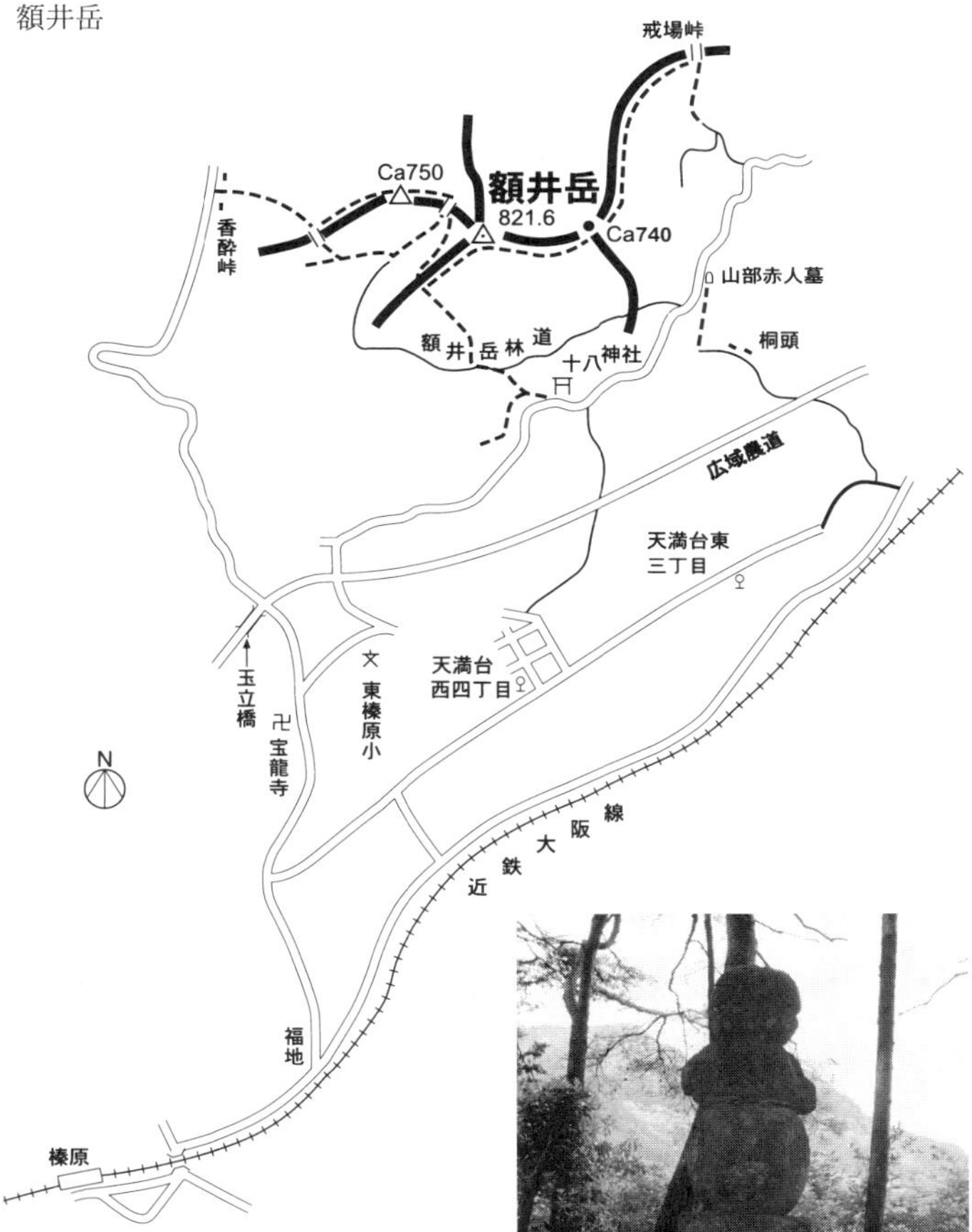
戒場峠
額井岳
821.6
Ca750
Ca740
香酔峠
山部赤人墓
額井岳林道
十八神社
桐頭
広域農道
天満台東
三丁目
天満台
西四丁目
玉立橋
東榛原小
宝龍寺
N
近鉄大阪線
福地
榛原

山部赤人の墓石

「天満台東三丁目バス停へ」の道標に従い、田圃に出ると桐頭で家は二軒だけ。国道一六五号線と並行する近鉄の線路が眼下に見える。どんどん下って天満台への道に出て、天満台東三丁目のバス停へと向かった。

なお、十八神社への登り口へは、近鉄榛原駅から天満台東三丁目行のバスに乗り、天満台西四丁目で降りて、北東へ30分ほどの登りで着くから、これを利用する方がよい。　（96・5・18）

▼最寄駅：近鉄・榛原駅

▼最寄バス停：奈良交通・天満台東三丁目

▼参考タイム：近鉄榛原駅（15分）福地の信号（20分）宝龍寺（20分）東海自然歩道に出る（20分）十八神社（35分）稜線に出る（20分）額井岳（20分）Ca七四〇㍍峰（25分）戒場峠（5分）林道終点（5分）東海自然歩道に出る（10分）山部赤人の墓（30分）天満台東三丁目バス停（バス）近鉄榛原駅

山部赤人の墓

「田児の浦　うちいでてみれば真白にぞ　不尽の高嶺に雪は降りけると詠んだ山部赤人は、聖武天皇の頃（八世紀）宮廷に仕えた下級官吏ですが、宮廷歌人として数多くの歌を残しています。没したのは天平八年（七三六）といわれ、ここ大和富士と呼ばれる額井岳東麓にしずかに眠っています。」

（環境庁・奈良県）

額井岳林道より

近鉄榛原駅から天満台東三丁目行のバスに乗り、天満台西四丁目で降りる。バス通りを北東へ、一筋目を左に折れ、住宅街を歩き二筋目を右に折れ、突き当たりを左へ進むと「十八神社、額井岳（大和富士）へ」の道標がある。そこから北東へ急な登りの舗装路が延びている。額井岳は見上げるばかりで、この山の南面は急峻だ。山腹の緑の人工林の山裾に十八神社の鳥居が見える。工事中の広域農道を横断し、少し登ると東海自然歩道に出た。振り返ると音羽三山から龍門岳が望め、それからは低くなるが尖った鳥ノ塒山が裾野を延ばしている。東海自然歩道を東へ三百㍍ほど行くと「山部赤人の墓〇・二㌔」の道標が出て、左上へ額井岳林道（舗装路）を登る。登っていた道が小さな支尾根を越えて、少し下ると左下から登山道が登って来ていた。十八神社からのものだ。その合流点には「額井岳七〇〇㍍先右折」と道標、その右折の地点に来ると「額井岳一㌔」と道標があった。今日はこのまま額井岳林道を詰めて登ることにしていたからそれは見送り、林道を行く。

額井岳南西尾根を越えると下りになり、谷の出合で林道終点。北東へ向かう谷に入る。入口はササに覆われて狭かったが、登るに従ってきれいな道になる。ミズヒキ、ミカエリソウ、モミジガサが見られたが、下生えのないすっきりとしたスギ林の登りから次第にジクザグの登りになり、やがてCa七五〇㍍峰と額井岳との鞍部、ここから額井岳西面を南へ向かってのトラバース道、少し登って下りになる。

額井岳南西尾根に出ると十八神社からの登山道と合流し、この南西尾根を登ると額井岳の山頂であった。以前登ったときより南側の木々が少し間引きされ、展望が良くなっていて、音羽三山から

龍門岳、鳥ノ塒屋山、伊那佐山、三郎ヶ岳に高見山も望めた。

登ってきた道を下り、先ほどのCa七五〇㍍峰と額井岳との鞍部に戻り右へ、香酔峠へ向かう。Ca七四〇㍍のコブを過ぎ、Ca七五〇㍍峰はマツ、リョウブ、ネジキの灌木帯を越えると急な下りになる。スギ林が現れると緩くなり、左下から登りに使った額井岳林道終点からの山道と合流する地点に室生高校山岳部の道標がある。それに従って右下へ向かう道を下る。ササに隠れた谷沿いの右岸の山道を下ると香酔峠に出た（その手前に「傘寿八十歳記念碑、柿と栗百本植樹」がある）。　(97・10・12)

▼最寄バス停：奈良交通・天満台西四丁目

▼最寄駅：近鉄・榛原駅

▼参考タイム：天満台西四丁目バス停（30分）額井岳林道（25分）林道終点（20分）Ca七五〇㍍峰と額井岳との鞍部（5分）南西尾根に出て十八神社からの登山道と合流（15分）額井岳（13分）Ca七五〇㍍峰と額井岳との鞍部に戻る（10分）Ca七五〇㍍峰（20分）香酔峠（1時間0分）近鉄榛原駅

戒《かい》場《ば》山（七三七・六㍍）

地形図　二万五千分の一「初瀬」

この山だけを登りに来る人は少なく、額井岳から戒場山まで縦走するのが一般的なコースのようだ。ずっと以前、吐山から谷道を戒場峠経由して、戒場山を往復したことがあるが、今回は天満台側から登ることにした。

榛原から天満台へのバスは住民の足になっているから、便数は多い。終点の天満台東三丁目で降り、西への広い道はすぐに終わり、住宅の間を抜けて下ると国道一六五号線に出る少し手前に「山部赤人の墓一・一㌔、戒長寺二・一㌔」と道標があり、北へ急な舗装路が登っている。足元にはツユクサとゲンノショウコが咲き、見上げると額井岳の山頂が鶏冠のように尖っている。工事中の山腹の広域農道を横断すると二軒だけの桐頭集落で舗装路は終わる。ここからは千枚田の水平の畦道

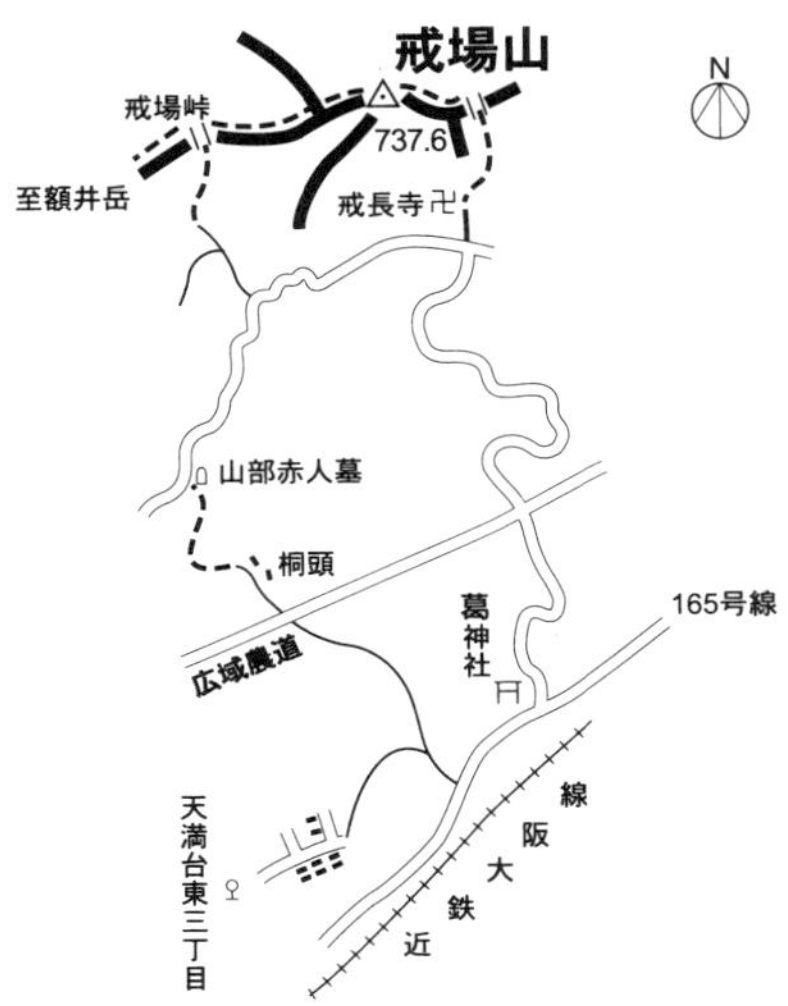

に入り、「額井岳・戒場山登山道」と道標がある中ほどから登りになる。

スギ林に入り、それを抜けると山部赤人の墓で、これから登る戒場山が目の前にあった。整備された東海自然歩道がその横を額井岳から戒場山の山腹を横切るように付いていて、訪れる人が多い。その東海自然歩道を戒長寺の方へ一〇分ほど歩いて、左から来ている林道に入る。少し登ると左に入る林道を見送り、谷沿いに進むとやがて終点、山道に入る。タヌキノチャブクロ、タマゴダケを見ながら、ジグザグの登りとなる。五分ほどでマツ・ヒノキに囲まれた戒場峠に着く。

峠から戒場山の頂上までの標高差は約一四〇㍍、この峠からの登りは左がヒノキ林、右は雑木林が続き、足元にギンリョウソウを見ながら登る。左雑木林、右ヒノキ林に変わると登りは少し急になり、やがて戒場山の頂であった。残念ながらヒノキの成長で展望はきかないが、ここで昼食にした。

下りは町村界尾根を東へ、少し下ると次のコブの手前で南方が開け、音羽三山から三郎ヶ岳、高見山への山並みが望める良い場所に出た。ここで昼食にすべきだったがもう遅い。次のCa七〇〇㍍峰の手前のコルから南へ下り、アキチョウジの咲く沢筋を抜けると戒長寺（同境内に戒場神社がある）であった。県天然記念物のホオノキの巨樹と高さ三〇㍍のお葉つきイチョウを見上げ、十二神将を陽鑄した正応四年（一二九一）銘の梵鐘（重要文化財）を見る。大久保、中村の集落を抜けて葛神社、国道一六五号線から天満台東三丁目バス停へと向かった。

（96・9・23）

▼最寄バス停：奈良交通・天満台東三丁目

▼参考タイム：天満台東三丁目バス停（5分）「山部赤人の墓一・一㌔、戒長寺二・一㌔」道標への分岐点（40分）山部赤人の墓（10分）林道出合（15分）戒場峠（35分）戒場山（10分）コル（10分）戒長寺（45分）葛神社（20分）天満台東三丁目バス停

戒長寺のお葉つきイチョウ

イチョウが胞子植物と種子植物との中間性を帯びていることは植物進化系統学上極めて有名であり、その理由はシダ類がその胞子を葉につけると同様に、お葉つきイチョウがその種子をつける現象である。このお葉つきイチョウは目通り四㍍、高さ三〇㍍ある。

龍門岳《りゅうもん》（九〇四・三㍍）

地形図 二万五千分の一「古市場」

三津より

県道桜井吉野線の鹿路トンネルを抜けると吉野町、急な下りで三津《みづ》へ入る橋のたもとに車を置く。「龍門岳三・三㌔、八王子神社〇・七五㌔、細峠二・〇㌔」と道標。三津への舗装の車道は急坂だ。狭い谷沿いの道が少し開けた台地にある五、六軒の小ぢんまりとした三津の集落を抜けて谷の狭まる所まで来ると、八王子神社に至る。

支尾根の端を巻いて、次の谷沿いに入って林道は終わる。「龍門岳一・八㌔」と道標が出て山道になるが、一㍍幅の舗装された道にびっくりしたが、これは三津峠まで続かず、途中で地道になって、ほっとする。三津峠で「龍門岳一・五㌔、細峠二・七㌔」と道標が出る。ここから尾根上の道を行く。

スギ林に足元は低いササの緩い登りが続き、東に向いていた稜線の向きが南へ変わる地点に「龍門岳〇・九㌔」とまた道標、Ca八四〇㍍まで登ると台形の山頂部分が見え、山頂は右の端だと分かる。台形の山頂部分の左端を登る地点に柳（別所）へ下る道があって、そこからすぐに山頂だった。

高皇産霊尊《たかむすびのみこと》を祀る祠と一等三角点（北緯三四度二六分一四秒三八、東経一三五度五四分〇一秒八八六、標高九〇四・三〇㍍）がある。樹林に囲まれて展望はない。山頂付近には城跡の掘切と思われる地形が残っていた。

二万五千分の一地形図「古市場」を見ると、山頂から西谷へ向けて西南西に六五二㍍へと続く尾根に破線路が描かれていたので、下りはこれをたどることにした。頂上直下で吉野山口神社へ下る道と分かれて、西谷への尾根に入り、スギ林に踏み跡を追う。西南西に延びた尾根はCa七七〇㍍地点で南への急な下りとなり、踏み跡が判然としなくなるが、慎重に下る。六五二㍍からは西へと緩い下りが続く。五九〇㍍のコブの手前で西谷への踏み跡を探し損なったので、そのままその尾根を忠実に下る。右スギ林、左灌木帯の植生界の踏み跡をたどり、急な下りは幹に摑まったりしながら県道桜井吉野線（西谷簡易水道浄水場の少し上）に抜け出た。あとは、この県道を北に三津へと向かった。（97・1・15）

▼参考タイム：三津への入口の橋（15分）三津（10分）林道終点（15分）三津峠（30分）龍門岳（45分）五九〇㍍のコブ（20分）県道桜井吉野線に抜け出る（30分）三津への入口の橋

山口より

吉野山口神社から人工林に覆われた龍門岳が望める。吉野山口神社の左の舗装路を進むと、谷の入口で舗装路は終わり地道になる。「林道山口線」の標識と「龍門の滝二・八㌔、龍門岳二一・七㌔」の道標があり、近くに山の神が祀ってある。左の貯水池を過ぎると、龍門の滝が見えた。

　酒呑みに語らんかかる滝の花
　龍門の滝花や上戸の土産《つと》にせん

元禄元年（一六八八）に松尾芭蕉がここで詠んだ。

谷の分かれに龍門寺塔跡があり、「龍門岳一・七㌔」と道標が出る。谷が広まった台地には、龍門寺宿房跡がある。この辺りまで広い参道だったのが、山道らしくなり、トラバース気味に登って行くと奥ノ滝が足元に見えた。落ち口をまたいで左岸に渡ると沢沿いの道になる。沢は北向きから北北東、北東に曲がって堰堤を越え、ケルンが積まれた地点で右岸へ、水量が少なくなってきて二俣に着いた。ここから沢を離れて尾根を登ることになるが、急登である。「龍門岳〇・七五㌔」と道標が出てほっとするが、ササの厳しい登りが続く。右に見える稜線がなかなか近づかない。やがて急坂も緩くなり山頂に着いた。

　下りは北へ、人工林で展望のない稜線の山道だが、木々の隙間から熊ヶ岳が見えたりする。三津峠からCa七九〇㍍峰は登らずに、その左側を七五〇㍍のコンター沿いの巻き道で北のコルへ。次のCa八〇〇㍍峰（八〇三㍍峰の手前の峰）が大峠と細峠への分岐点で、西への尾根に入る。四等三角点（七八九・八㍍、点名「三津」）の北側は展望良く、音羽山、経ヶ塚山、熊ヶ岳が望める。鹿路トンネルの上のピークを越え、次の七二五㍍峰の北側を巻くと細峠。

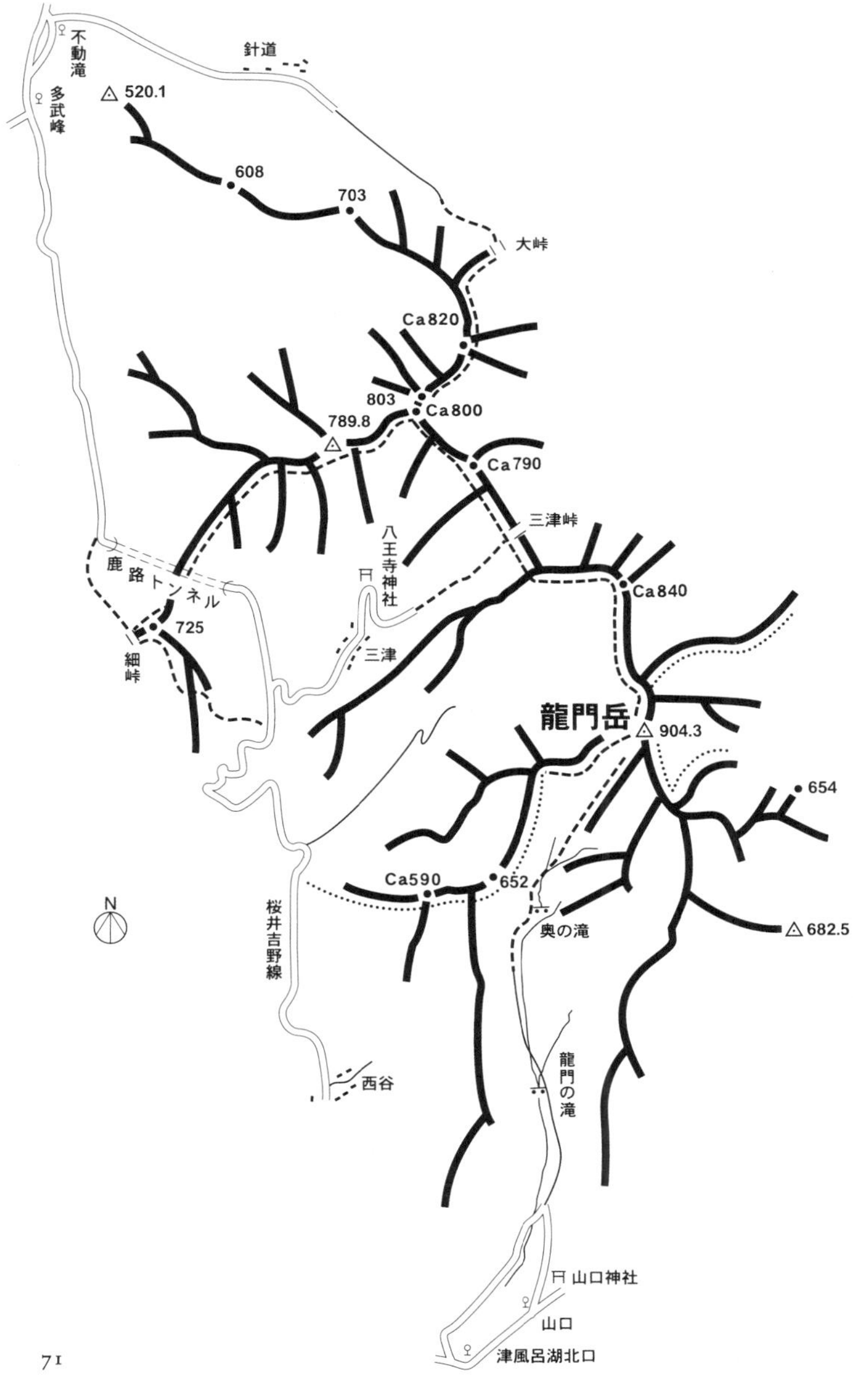
不動滝
針道
多武峰
520.1
608
703
大峠
Ca820
803
Ca800
789.8
Ca790
三津峠
八王寺神社
鹿路トンネル
Ca840
725
細峠
三津
龍門岳
904.3
654
652
Ca590
奥の滝
682.5
N
桜井吉野線
西谷
龍門の滝
山口神社
山口
津風呂湖北口

峠からはスギ林の下りで県道桜井吉野線に抜け、西谷へと県道を歩いた。（97・1・19）

▼最寄バス停：奈良交通・山口・津風呂湖北口・西谷口

▼参考タイム：吉野山口神社（35分）龍門の滝（1時間20分）龍門岳（25分）三津峠（30分）四等三角点（七八九・八㍍）（30分）細峠（20分）県道桜井吉野線（30分）津風呂湖北口バス停

柳より龍門岳に登り烏ノ塒屋山

龍門岳の山頂に「柳へ」の道標があったから、今日はこのルートから登ることにした。地形図では破線路が足谷から稜線に出て、それが山頂まで続いていたので、それを登ることにしていた。柳バス停より北へ国造神社の横を通り、柳の集落に入ると、「『岳《だけ》さん』に登りなさるんけ…」と声を掛けられた。龍門岳のことを麓の人々は「岳《だけ》さん」と呼んでおられる。足谷から登る予定であると答えると、

「それは途中で道が無くなるから、次の谷の出合の宮（瀧ノ明神）さんの所から入って、林道が二つに分かれる所で右の方を登って行かれたらよい」と教えて下さった。教えられたルートを登ることにする。

二俣で林道足谷線を見送り、林道文出谷線に入る。左に瀧ノ明神を見て七、八分ほど登ると林道が二つに分かれる地点に来た。右の林道に「龍門岳・柳へ」の道標、ここで右の林道に入るのだな

と確認していると、先ほどこのルートを教えて下さった寒地《かんち》政明さん（54）が追いついて来られ、「お邪魔でなければ、一緒に登りましょう」と同行して下さることになった。

　右の谷の左岸沿いに付けられた林道は急坂だったが、それも最初のうちだけで、四五〇㍍ぐらいから緩い登りになった。谷の上部まで来ると左へ回り込むようにして西隣の支尾根を絡みながら次の谷沿いを行くようになる。谷が真西になり、「龍門岳・柳へ」の道標のある六二〇㍍付近で右の枝谷へ入る。ここから山道になる。林道が左下に見えていて、これはもう少し入っているようだ。沢通しの道に変わり、どんどん登りつめて稜線が近づくころ沢を離れる。

　赤ペンキで矢印がしてあるスギを頼りに稜線に抜けると、はっきりした山道が頂へと向かっていて、急坂が緩くなると山頂であった。山桜が咲いていて、

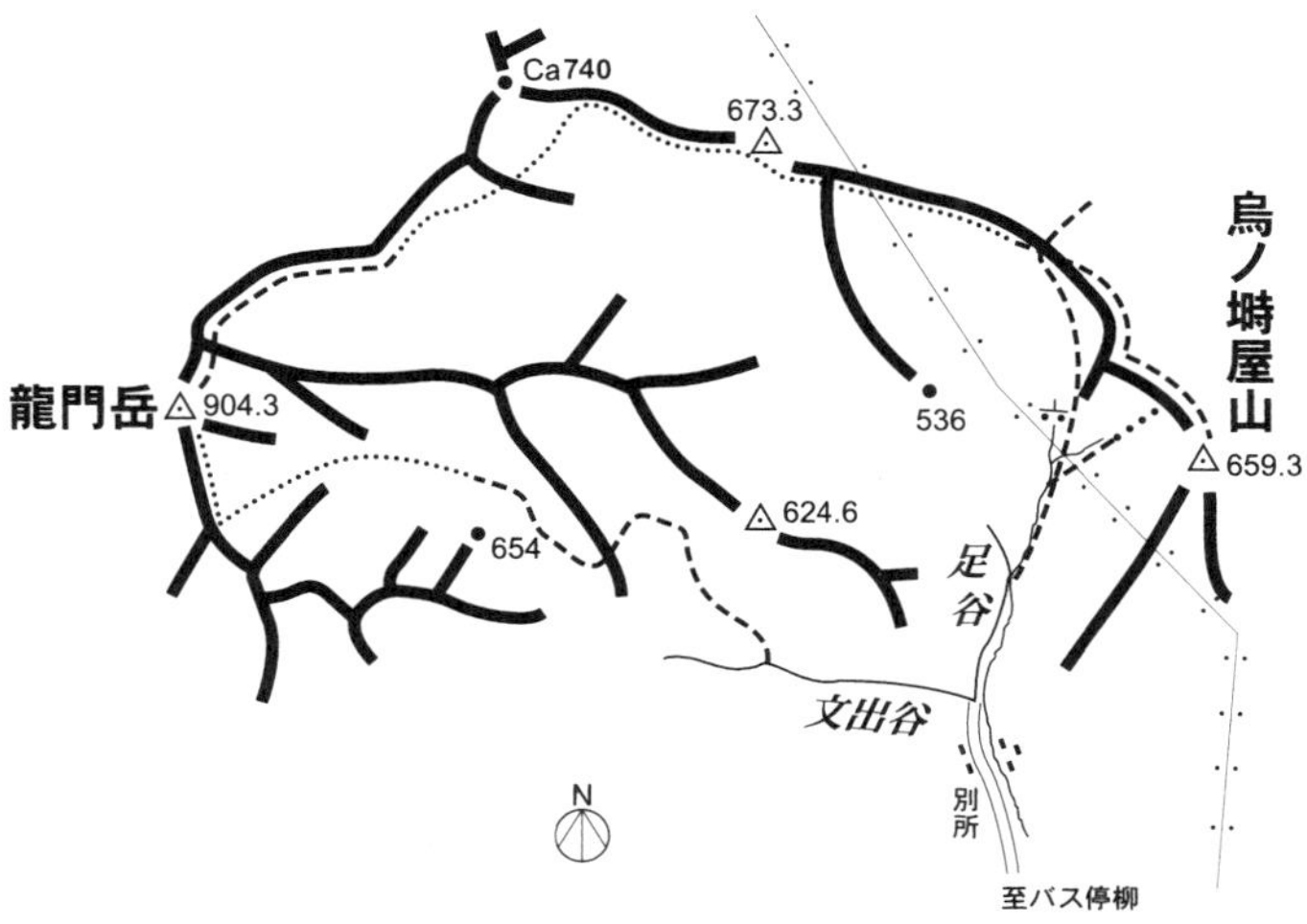

山口から登って来られた登山者二、三人が一息入れておられた。「昔、私の父がこの頂上にきたとき、祠の扉がギギーと開いて、中に断食の人がおられてびっくりした」と寒地さんが語る。また、今年（平成九年）の四月一七日に麓の村人がここで祭礼をされたことが、祠に備え付けてある登山者ノートに記してあった。

　帰りは町界尾根から烏ノ塒屋山へと向かうことにした。寒地さんはこの山を「浅間《せんげん》さん」と言っておられた。北へ少し下った地点で北東に延びている道に入る。スギ林の稜線に踏み跡は続いていく。Ca七一〇㍍の鞍部からCa七三〇㍍峰の南側のトラバースの杣道に入り、稜線が東向きになったCa六四〇㍍付近で鞍部に抜ける。振り返るとスギ林を通して龍門岳が見える。ここから二つ目のコブに四等三角点（点名「中竜門」）があり、やがて送電線の鉄塔に出た。ワラビがまだ残っていた。緩い登り下りが続き、作業道と合流したり離れたりして大蔵寺への道を見送り進んでいくと、最後は急登で三等三角点の鳥ノ塒屋山《とやさん》であった。こちらの大きな山桜はもう咲き終わっていた。

下山は往路の急登になる地点（鳥ノ塒屋山の北西のコル状の所）から南西へスギ林の杣道を下り、天滝《あまんだき》谷に出て、天滝（二段三五㍍）を見て柳簡易水道水源地に抜けると舗装路で、柳はもうすぐだった。

（97・4・27）

▼最寄バス停：奈良交通・柳

▼参考タイム：柳バス停（35分）林道足谷線・林道文出谷線出合（8分）登り口（1時間20分）龍門岳（55分）鉄塔（30分）鳥ノ塒屋山（45分）天滝を見て柳簡易水道水源地（40分）柳バス停

ダケノボリの習俗

浦西　勉

吉野町と大宇陀町の境に龍門岳がある。この山へは四月一七日（元は三月一七日）に、吉野町山口、柳、西谷の人々が登る。これをダケノボリと言う。かつて、報告した文章を次に記しておく（拙稿「ダケノボリ」『奈良県立民俗博物館だより』三号、昭和五十年）。

吉野町の龍門岳をダケと称して、同町の西谷・柳・山口の三か村の当番の家の人が餅搗きをし、その餅を山頂の嶽明神まで持って参る。また、その年に生まれた男の子の家は、重箱に餅を入れ、酒一升をトックリに入れて「ヤイマイロカ・オイマイロカ」といいあって登っていった。山頂では御供を撒き、酒を飲んだという。また、麓の山口神社では四月二二日がオンダ祭であった。この祭に、杉葉とお札をもらい、籾弾き播き（五月二日）の時カヤの箸（正月一五日の小豆粥を食べた箸）と洗米、ツツジなどと共に水口に立てた。山口神社の秋祭りは一二月七日に行われる。

（『妣《はは》なる山に祈る』山村民俗の会編）

針道より

健脚な人達は音羽三山から大峠を経て龍門岳へ登り、山口神社へ下山される。私は大峠から龍門岳の間をトレースしてないので、一度歩いておきたかった。

不動滝バス停で降り、針道を経由して舗装路の林道を東へ登り、その終点から左の山道を七、八分登ると大峠で、「女坂伝稱地」と刻まれた石柱がある。ここから少し登ってヒノキ林の稜線を進む。細長いCa八二〇㍍峰を過ぎ、少し下って西へと登ると八〇三㍍峰、次のCa八〇〇㍍峰を下って鞍部に出る。次のCa七九〇㍍峰は右側を巻いて、稜線を下ると三津峠である。ここからはよく知った山道で、東に向かっていた稜線が南向きに変わり、登りつめて掘切の跡と思われる所を通過して龍門岳の山頂であった。

（97・9・21）

▼最寄バス停：奈良交通・不動滝

▼参考タイム：不動滝バス停（50分）林道終点（8分）大峠（45分）三津峠（30分）龍門岳

烏《からす》ノ塒《と》屋《や》山《さん》（六五九・三㍍）

地形図　二万五千分の一「古市場」

国道三六九号線で針から香酔峠を抜けると前方が開け、左に三郎ヶ岳から続く山々が見え、右に龍門岳が見える。その龍門岳の山稜が左になだらかな線を描いて下って行く先に鋭く尖ったピークが見える。これが今日これから登る烏ノ塒屋山である。古くは「烏宿《からすのとや》山《やま》」と呼ばれていた。「塒」は見慣れない漢字だが音読み「し・じ」、訓読み「ねぐら」で、意味は鳥や人間のすみか、ねぐら。と辞書にある。神武天皇東征に出てくる八《や》咫烏《たがらす》に関係あるのであろうか、おもしろい山名である。

以前恋の谷から登った折、頂上に田原小学

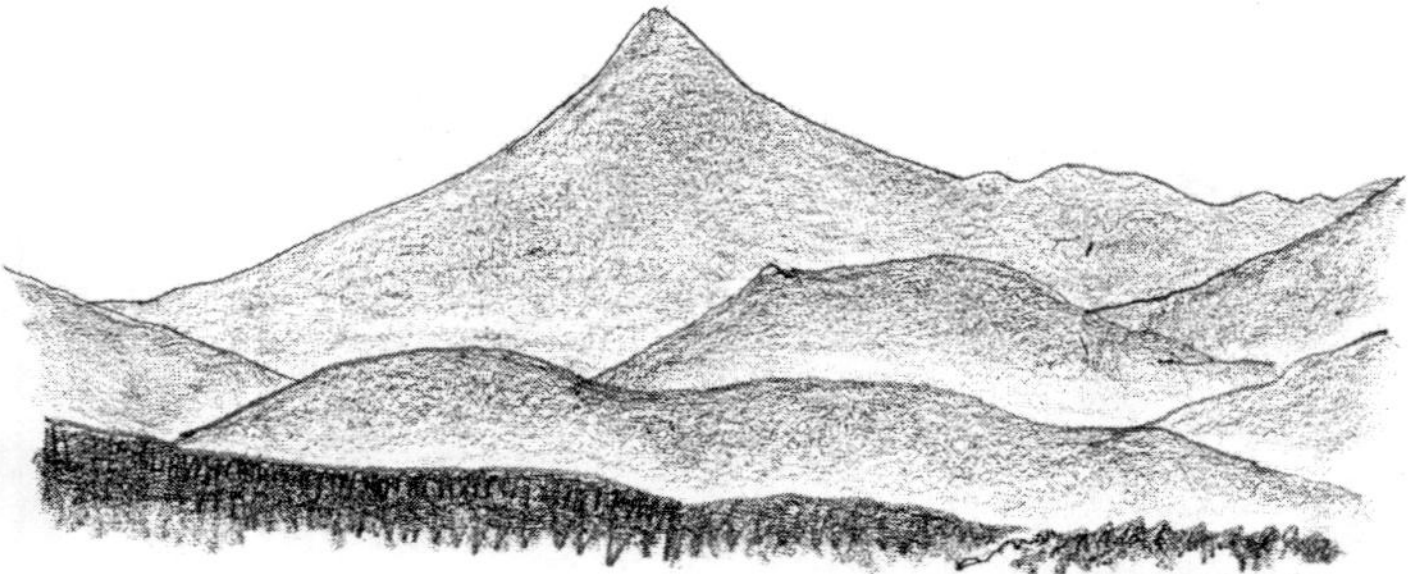

榛原の近くより 烏ノ塒屋山

校の児童たちの名前がたくさん書かれた板があったので、この児童たちの登ったルートからも登りたくなった。麓で尋ねると、丸山の谷か針ヶ谷からのどちらかであることが分かり、最短ルートが丸山の谷と伺い、そちらから登ることにした。

下栗野の村道の北の入口から入り、すぐに西へ入る道が登り口。舗装路が奥へと延び、小さな谷の出合をまたぐようにしてS字状に左上へと回り込むとその道は終わり、一軒家（丸山さん）があった。そこで烏ノ塒屋山への道を尋ねると、丸山さん宅の前庭を通って山道が谷沿いに付いていた。

「それをまっすぐに登られたらいい。ずっと前にもハイカーが四〇名ほどこの道から登られましたよ。この山は雨乞いの山ですよ。」

と丸山さんが説明して下さった。丸山の谷とはこの丸山さんの名前からきているのだ。

少し急坂を登ると支尾根に出て、木材運搬用の耕うん機の轍の跡がある作業道に出た。この道が頂上直下まで延びているのだ。水平の道が少し続き、北方には伊那佐山が望める。水平の道が終わる地点で針ヶ谷から道（下りはこの道を下る）と合流し、尾根の下を左へ巻くような道が緩く登っていた。巻き道が終わると支尾根の登りとなった。足首が痛くなるような急登で、稜線近くまで作業道は続いた。

稜線に出ると踏み跡程度の道を灌木の幹を摑みながら登り、次に右からはっきりとした道と合流し、台地状の山頂に到着。幹の太い桜の木がスギ林の中に一本あった。三角点と梵字が彫られた石塔がある。スギ林に囲まれて周辺は望めないが、龍門ヶ岳が樹林の間から確認できた。

下りは往路を下り、針ヶ谷への作業道を下ると、最奥の集落の手前に抜け出た。見上げると、Ca六二〇㍍とCa六一〇㍍の二つのピークがラクダのように並んでいた。舗装路を下り、大蔵寺への道を見送って国道へ出た。

（96・12・15）

山頂の石塔

最寄バス停：奈良交通・下栗野・上栗野

参考タイム：下栗野バス停（15分）林道終点（15分）針ヶ谷への分岐点（35分）烏ノ塒屋山（30分）針ヶ谷への分岐点（5分）針ヶ谷登り口（15分）上栗野バス停

伊那佐山《いなさ》（六三七・二㍍）

地形図　二万五千分の一「初瀬」「古市場」

近鉄榛原駅より菟田野《うたの》行のバスに乗り、比布《ひふ》で降りる。バス停から芳野川《ほうの》沿いの道を左に伊那佐山を眺めながら西へ、伊那佐山文化センターまで来ると「伊那佐山の歌碑」がある。芳野川に架かる竹橋を渡ると、そのたもとに「伊那佐山あと一六〇〇㍍」と道標が出て北へと導かれる。次の十字路を渡るとすぐに「一七丁」と石柱が出て、続いて「あと一三五〇㍍」と「一五丁」の石柱、そして「あと一一八〇㍍」の道標の地点が登山口で右の山道に入る。「一三丁」の石柱、「あと一一〇〇㍍」の道標と次々出てくるから安心して登れる。スギ林の登りが続き、「山神」と刻まれた石が出てきて、石の鳥居の地点で「九丁」と出てくるので、これで約半分は登ったことになる（山頂まで一八丁）。

支尾根上を行くと急坂になりジグザグの登りで「あと五〇〇㍍」「是ヨリ五丁」「右嶽大明神社・左自明桧牧」とあってトラバース道に入る。西側が開けた所では竜門岳から尖った鳥ノ塒屋山が望める。

大きなジグザグの登りから「二丁」の石柱を過ぎると稜線に出た。今までのスギ、ヒノキの人工林からマツと雑木林に変わると平坦な道となり、少し急になると石段が見え、朱色の都賀那岐《つがなぎ》神社の屋根が見え、伊那佐山の山頂であった。三角点は神社の右奥にある。井足岳《いだに》への縦走路は神社の右側から出ている。少し急な下りを五分ほど歩いて峠に着くと、左から林道が来ていた。ヒノキ林の稜線に踏み跡が続く。二〇分ほど歩くと緩い鞍部で、左から山道が

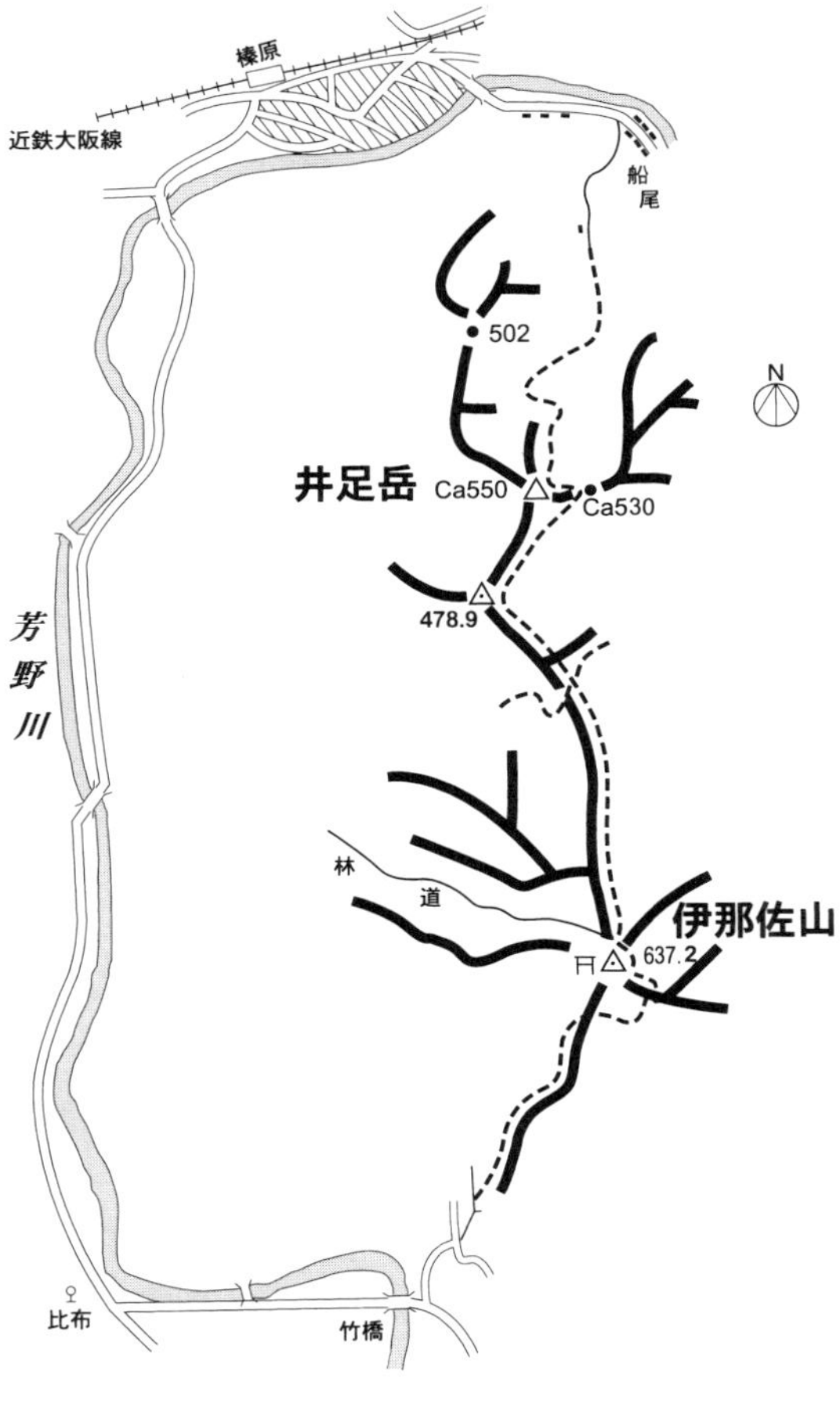

合流して、また分かれて右へ下って行く、X字状に交差した峠の道だ。左の道に入り、共同アンテナを過ぎると井足岳への登りになった。この山へは直接登らず、いったん東にあるCa五三〇㍍のピークに登ってから行くことになる。このピークから北西にこんもり盛り上がった井足岳が見える。稜線は西へ、そして北へとL字形に続き、井足岳（Ca五五〇㍍）の山頂であった。貝ヶ平山から大和富士が望めた。

　井足岳からの下りは急である。ヒノキと雑木林の幹を摑みながらの下りで、谷の源流に降りると、その谷を左から巻くようにして小さな丸木橋を渡り、次の支尾根に出る。それを下ると、先ほどの谷にまた降りた。ここからは谷通しの道になり、船尾に抜け、国道三六九号線に出て榛原駅まで歩いた。

　なお、この山は山路山ともいう。　（96・6・23）

▼最寄バス停：奈良交通・比布

▼参考タイム：比布バス停（15分）竹橋（10分）登山口（40分）伊那佐山（60分）井足岳（40分）舟尾（20分）近鉄榛原駅

碑文　楯並《たたな》めて　伊那佐の山
木《こ》の間《ま》ゆも　い行《ゆ》き目守《まも》られ
戦へば　我《われ》はや飢《え》ぬ
島《しま》の鳥《とり》　鵜飼《うかい》が伴《とも》　今《いま》助けに来《こ》ね

意味　伊那佐の山の木々の間から敵を見張って戦ったので、私は飢え疲れた。鵜飼部の仲間よ、たった今、助けにきてくれ。

揮毫者　奈良大学教授文学博士　松前　建

この歌は『古事記』や『日本書紀』におさめられているもので、神武天皇が謡ったものといわれています。

日《ひ》張《ばり》山（五九五・一㍍）

地形図 二万五千分の一「高見山」「古市場」

宇賀志バス停から約二〇〇㍍の所に左に入る道がある。「ひばり山参道」と古い石柱があって、その横に「中将姫ゆかりの日張山青蓮寺　是より四㌔」と案内板が立っている。宇賀志小学校の横の車道を南西へ行く。忠魂碑を過ぎ、東へ回ると尖った六一四㍍峰が見えてくる。シブナシガヤの案内板を見て、集落が終わると、谷の入口に「ひばり山青蓮寺　是より一㌔」と案内が出る。

谷筋のスギ林の参道は白いホタルブクロが目に付く。やがて二俣で青蓮寺の登り口、ジグザグの参道を登ると、中将姫の石碑があって、石段を登ると青蓮寺であった。

阿弥陀堂の左の道に入り、阿弥陀堂の裏をトラバースして支尾根に取り付く。ジグザグの山道をCa五六〇㍍峰に登り、振り返ると五六六・四㍍峰と六一四㍍峰が目の前に迫り、その後に吉野山から続く四寸岩山、白屋山辺りの山々が望め、進行方向には日張山の山頂がわずかに頭を出している。若いヒノキ林の尾根を登ると稜線に出た。この合流点に祠がある。

稜線上には作業道があって、それを右へ。二、三分の登りでその作業道が右へそれ始めたので、左の尾根道を入ると日張山の三角点はすぐだった。マツと雑木林で展望はない。

下りは西へ続く作業道を辿る。スギ、ヒノキの人工林の中を行く。途中で分かれ道はあるが、広

い道を選ぶようにして下ると、宇賀志区消防会館前に出た。

（97・7・20）

▼最寄バス停：奈良交通・宇賀志

▼参考タイム：宇賀志バス停（1時間）青蓮寺（15分）稜線合流点（5分）日張山（40分）宇賀志区消防会館（20分）宇賀志バス停

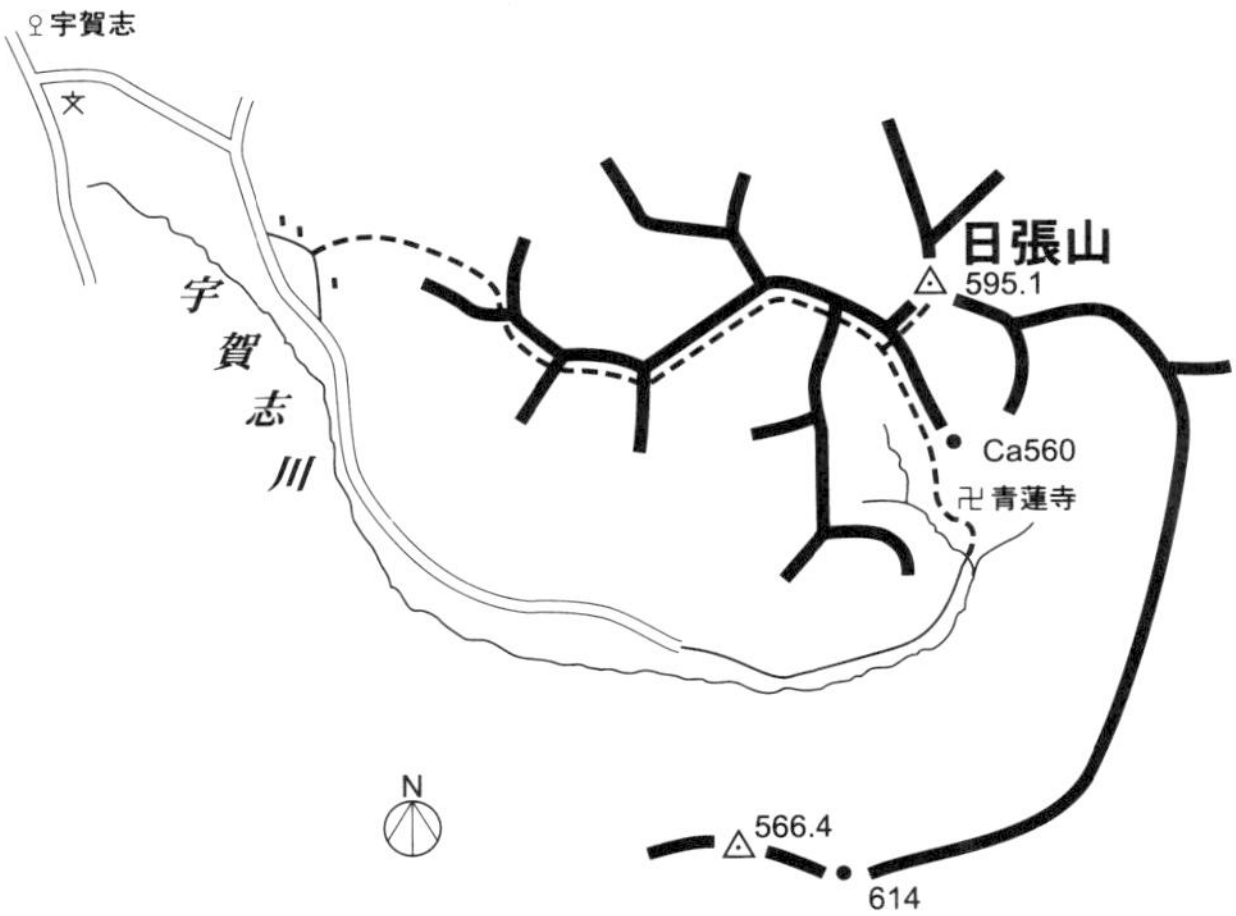

ひばり山青蓮寺略記

中将姫遺跡

奈良朝天平宝字四年（七六〇）横佩《よこはぎ》の右大臣藤原豊成公の息女中将姫が継母のざん言により十四歳の身をもってこの山に配流されたが、その家臣松井嘉藤太春時と妻静野の情けにより危きを助けられ、ここに草庵を結び、

なかなかに　山の奥こそ　住みよけれ
　草木は　人のさがを　言わねは

と閑居練行二年六ヶ月念仏三昧の生活をおくられた。

そのうち父君が、この地に狩に来られ不思議な再会を得て奈良の都に帰られたが菩提の志止みがたく、遂に当麻寺に入り、出家剃髪の身となり法如尼と名乗られた。

その後、当麻曼陀羅を感得され十九歳の夏再びこの山に登り、一宇の堂を建立して自からの影像と嘉藤太夫婦の形像を手づから刻み安置してひばり山青蓮寺と名づけ永く尼主の道場とされた由緒ある山寺である。

以来、千二百年の星霜を経て幾多の変遷まぬがれず現今の堂宇は天明四年（一七八四）の火災につぎ文化十二年（一八一五）の水害の後、弘化四年（一八四七）に建立せられたものである。

数々の遺物と峯の松風、谷の清流は昔ながらに中将姫にまつわる哀れにもゆかしい物語りを伝えて今日に至っている。

烏帽子岳《えぼし》（七四二・九㍍）

地形図 二万五千分の一「高見山」

日本で烏帽子と言われる山は数多く、『コンサイス日本山名辞典』には七五山も載っている。その名については「山容が烏帽子に似ていることから名付けられることが多い。烏は元来『う』と読んだものが『え』にかわったものである。烏帽子は昔用いられた黒い帽子で、烏は黒いから黒帽子と呼んでいたものがかわったという。神官が用いることが多く、それとともに信仰登山と結びついている」と説明されている。しかし残念ながらこの山については記載がない。

芳野《ほうの》川沿いの道に入り下芳野まで来ると、前方に端正な烏帽子岳が見えてくる。宮の原バス停の近くに惣社水分神社《そうじゃみくまり》がある。そこに鳳輦《ほうれん》みこし（重要文化財）があるが、秋まつり（一〇月二一日）の「御渡り」にしか見られないと聞く。ぜひ一度は見てみたいものだ。この神社の少し先の芳野川に架かる門屋橋の手前から一の谷沿いに車一台が入れる林道に入る。フシグロセンノウ、ミズヒキ、リュウノヒゲが咲き、左岸から右岸に渡ると崩壊の跡があるから、車はここまでが精一杯のようだ。

谷の中ほどでUターンするようにして左岸に渡ると、草茫々の道となる。この林道はもう利用されていないようだ。高度が上って、涼しげなマツカゼソウが見られるようになり、谷の流れは足下になった。

　やがて県道三一号線（榛原《はいばら》菟田野《うたの》御杖《みつえ》線）と合流し、一の谷峠であった。峠から北東への小さい沢沿いに微かな踏み跡を見つけた。これをたどるが定かでなく、左に曲がるとCa六五〇㍍への植林の急登が待っていた。稜線に抜けると踏み跡が出てきた。

　次の六八一㍍峰に登ると、下りはササと右側は雑木林が出てきたが、すぐに植林の稜線になる。Ca六九〇㍍峰へは左から繋がっていた。このピークからの下りでは東吉野側への尾根に入りかけるが、修正して主稜線を行く。次のCa六九〇㍍峰、Ca六八〇㍍峰を越えて、鞍部から急坂を登るとCa七三〇㍍峰で、ここから北へと向きが変わる。ササの緩い登りを一〇分ほど歩くと山頂であった。

　南北に広がる台地の山頂はヒノキ、スギに囲まれて展望はなかったが、植林の隙間から三角形の牛ヶ平山が確認できた。以前鎧岳からこの山を眺めた折

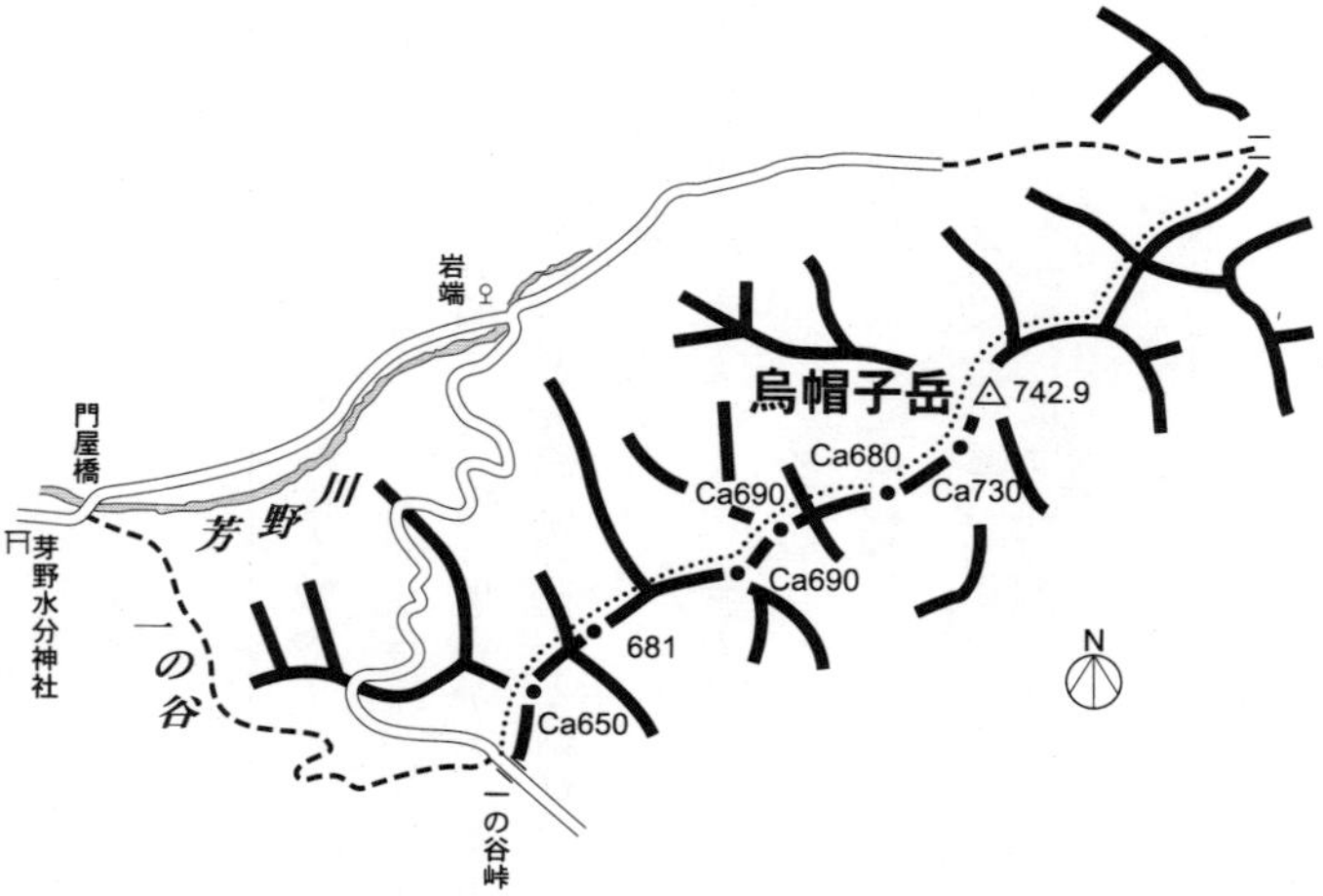

には山頂付近が屋根型で牛の背のように見えていたのに、眺める方向によってはずいぶん山姿が違うものだ。三等三角点がササの中にあって、その横にヤマホトトギスが咲いていた。

下りは北東の稜線を行き、岩端《いわはし》川源流の峠へと向かう。山頂の北側にモミジガサの群生地があり、ヤマホトトギスも見られる。この辺りは地形がやや複雑だから、東吉野側へ出ている支尾根に入らないように慎重に進む。ササの中に踏み跡を求めながら峠に着いた。この峠道は草が生い茂っていてもう使われてない。この道をたどって岩端川の源流に下ると、左岸に旧い道跡が途切れ途切れ続いていて、やがて林道終点に出られた。林道はしばらくして舗装路になり、黄色くなった稲穂の波を見ながら、はつか谷川を渡ると、岩端《いわはし》バス停であった。

（97・8・31）

▼最寄バス停：奈良交通・宮の原、岩端

▼参考タイム：宮の原バス停（5分）門屋橋（30分）一の谷

峠（20分）六八一㍍峰（60分）烏帽子岳（40分）峠（20分）林道終点（25分）岩端バス停

高城《たかぎ》山（Ca八一〇㍍）と三郎ヶ岳（八七九・〇㍍）

地形図　二万五千分の一「初瀬」「大和大野」「高見山」

高城山から

高井バス停で降りるとすぐ先に「摩尼山仏隆寺へ二㌔」と石標が建っていて、左へ室生古道が入っている。頭矢《とうや》橋を渡り、矢谷川左岸沿いの車道を仏隆寺へと向かう。よく歩かれているようで先行するハイカーの後ろ姿が見える。川岸にはツリフネソウがまだ咲いていた。赤埴《あかばね》の集落の外れの赤埴乙の十字路で「左へは大平山」と道標が出て、右に入った所にハイカー用に作られた綺麗なトイレがある。その十字路をまっすぐに進むと、周辺の畑にはカンピョウの実がたくさん並んでいる。これはスイカを差し木するためのもので、カンピョウがその根になるのだそうだ。坂を登りつめると仏隆寺に着く。

仏隆寺駐車場の横から室生古道を左に見送り、右の道に入る。山腹を巻くようにして付いている舗装路を抜けると西面が開けた。ここは上俵の集落で標高は約五三〇㍍、高城山の西面中腹の台地上に位置する。道端にはツリガネニンジンが咲き、西面の彼方には音羽三山から龍門岳への山並みがくっきりと浮かんでいる。二俣を左へ、次の三叉路では右へ入り、道が山際を巻くようになると「高城山登山口〇・五キロ」、「入口赤埴城跡」の道標。赤埴城跡を見に左へ急斜面を登ると、ヒノキ林の台地に城跡があった。

元の道に戻り、高城山登山口を目指す。鳥見山、神野山、巻向山、三輪山が見え、スギ林に入ると左に山小屋、右に溜池があって、やがてイデン峠で、児玉稲荷が林の中にある。ここに「高城岳へ」の道標があった。

上の方で話し声がして、その声が次第に降りてくる。なんと喪服姿の一団

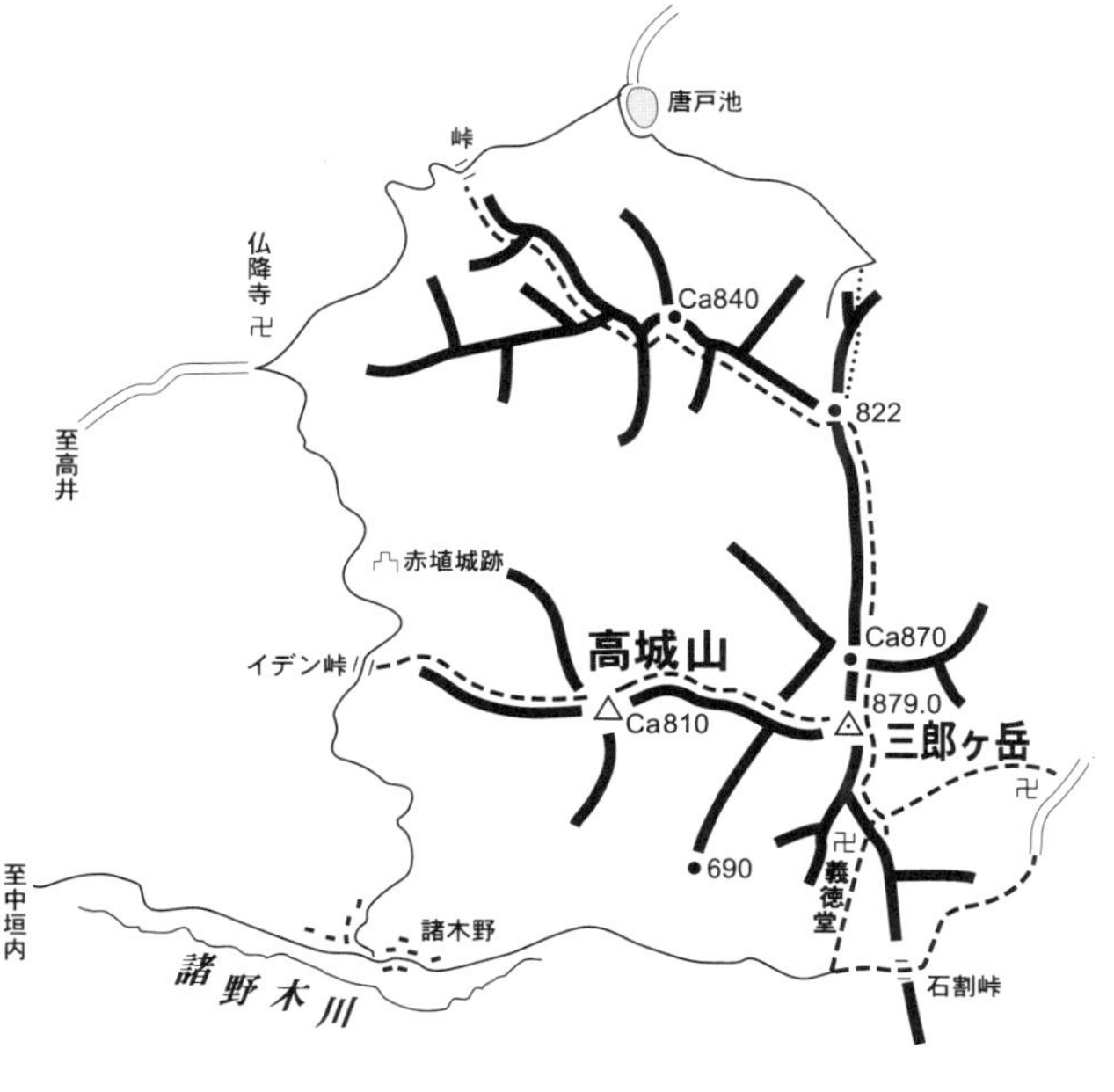

であった。降りて行かれるのを待って山道を登った。少し登った右側の小さな台地に墓標が並んでいる。真新しい木の墓標にお花が供えてあったから、先ほどの喪服姿の方々の関係するお墓のようだ。そのまま登ると尾根に出て一㍍幅の地道に出た。これは諸木野側から来ている道で、こんな広い道があったのかとそれをたどる。しかし五〇㍍も行かないうちに「高城山」の道標で左の山道へと導かれた。一㍍幅の地道は山腹を水平に進むようだ。

若いヒノキ林とササの登りが続く。急坂になり、周りが自然林になると半壊の灯籠があったりするから、昔からよく登られていた道のようだ。登りきると展望が開け、祠のある高城山の山頂であった。高見山、少し霞んで大台・大峰の山々から金剛葛城山、手前には龍門岳と音羽三山が、額井岳まで見渡せ、誠に眺望がよろしい。南側の諸木野川を挟んで対峙している袴ヶ岳（八一六・七㍍）はここから眺めると鋭い峰だ。次はこの山を登らねばと思った。

昼食を食べ、縦走路を南へ行く。灌木の幹などを掴みながら急な下りでコル、登って下って、登り直すと右側は急峻、地形図を見てもコンターが詰まっている。やがて三郎ヶ岳、山頂からは国見山、住塚山、古光山、学能洞山、局ヶ岳が望めた。

南への下り口に「血原バス停へ」の道標がある。この縦走路で最も急な下りを降り、左に少し入った所に日蓮坐像、その右奥には半浮彫の観音様。元の道に戻り、下ると鞍部で、右に入った所に義徳堂がある。鞍部の小屋の左へ「血原バス停」、右へ「諸木野」の道標があり、右に下る。スギ林の中、沢通しの山道を下ると、石割峠の西側の伊勢街道に出た。ここまで車が入れる。この伊勢街道をどんどん下って諸木野の集落が近づくと、前方に伊奈佐山が頭をもたげていた。

諸木野のあずまやで一服し、「左仏隆寺　右伊勢街道」の道標に従い仏隆寺の登りの道を取る。車一台が通れる舗装路で、集落の外れに諸木野弥三郎の墓がある。振り返ると袴ヶ岳がきれいに盛り上がっている。この道は高城岳を絡むようにしてイデン峠まで続いていた。峠まで来ると、あと

観音像

日蓮座像

は先ほど登りに使った道なので安心して高井へと向かった。

なお、高城山の読み方は、「たかぎ」（『赤目・倶留尊高原』高田榮久執筆）、「たかしろ」（『奈良県の山』小島誠孝著）とさまざまで、『大和青垣の山々』（奈良山岳会編）では高城《こうじよう》ヶ岳となっている。また、山中の道標は「高城岳」と書かれたものが多いが、ここでは山頂にある榛原町の説明板に「高城山《たかぎやま》」と記されているので、本書はこれに従った。

（96・10・10）

▼最寄バス停：奈良交通・高井

▼参考タイム：高井バス停（40分）仏隆寺（15分）赤埴城跡（往復10分）（15分）イデン峠（30分）高城山（30分）三郎ヶ岳（20分）義徳堂（15分）伊勢街道に出る（25分）諸木野のあずまや（30分）イデン峠（25分）仏隆寺（35分）高井バス停

菟田《うた》の　高城《たかぎ》に　鴫罠《しぎわな》張る　我《わ》が待《ま》つや　鴫《しぎ》は障《さや》らず　いすくはし　鷹等障《くじらさや》り　前妻《こなみ》が
肴乞《なこ》はさば　立稜麦《たちそば》の　實《み》の無《な》けくを　幾多聶ゑね《こきしひ》　後妻《うはなり》が　肴乞《なこ》はさば　齋賢木《いちさかき》の　實《み》
の多《おほ》けくを　幾多聶ゑね《こきだひ》

血原

乃ち自《おのれおし》機を蹈《ふ》みて壓《おそ》はれ死ぬ。時に、その屍《かばね》を陳《ひきいだ》して斬《き》る。流《なが》るる血《ち》、踝《つぶなき》を沒《い》る。故《かれ》、其の地《ところ》を、號《なづ》けて、菟田《うだ》の血原《ちはら》と曰《い》ふ。

（『日本書紀』）

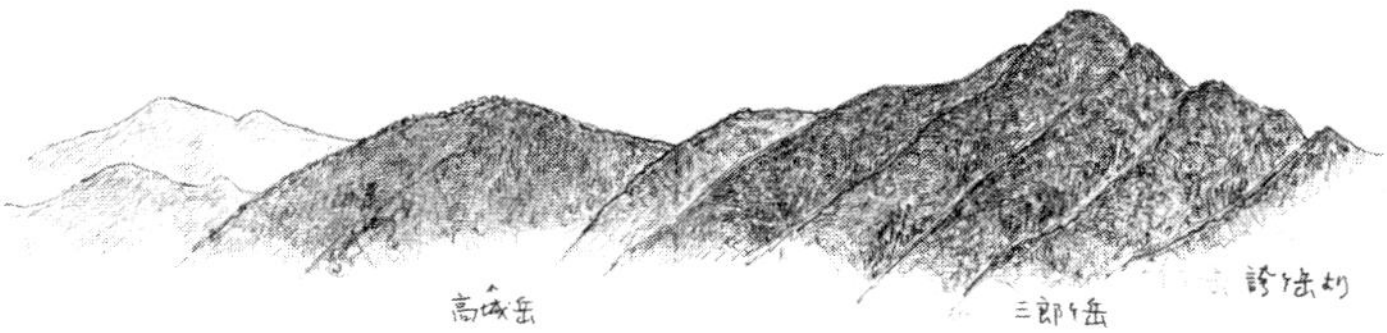

室生古道の峠から三郎ヶ岳へ

仏隆寺から室生への古道に入り、舗装路の坂道を登る。車が通れる幅であるが、急坂のため四輪駆動車でないと登れそうにない。スギ林の登りだから、暑い日は陽を遮ってくれてありがたい。舗装が切れてS字状に登りつめると役ノ行者が祀ってある峠である。

Ca八四〇㍍峰へ向かう町村界尾根に取り付く。足元はササ、リョウブ、マツの灌木帯の登りである。高度七〇〇㍍付近から右側がヒノキの林になる。左側は冬枯れの灌木を通して三角錐の三鈷ヶ岳（七三七・六㍍）が、足下には新池が見えるようになる。南西に登っていた尾根が直角に折れ、東北に向きが変わるとすぐにCa八四〇㍍峰である。ここから西南西へ次のコブを越えると緩い下りが続き、少し登り直すと八二二㍍峰で、振り返ると金剛・葛城山がぼんやりと霞んでいた。このピークの少し東から南へ下る。緩い滑らかな尾根がヒノキ林の中を下っている。

鞍部には林道が下田口から上俵へと下っているようで、この道を帰りに下ってみたが、途中で行き止まりになった。鞍部からはヒノキ林の登り、左側が灌木帯になると曽爾山群の住塚山と国見山が見えてきた。Ca八七〇㍍峰まで来ると三郎ヶ岳は目の前であった。こちらから眺める三郎ヶ岳は手前の斜面が人工林に覆われ、山姿も平凡である。いったん四〇㍍ほど下って鞍部、そこから五〇㍍ほどの登りで山頂に着くが、最後が少し急坂であった。（97・3・30）

▼最寄バス停：奈良交通・高井

▼参考タイム：高井バス停（40分）仏隆寺（30分）峠（30分）Ca八四〇㍍峰（20分）八二二㍍峰（５分）鞍部（20分）三郎ヶ岳

大平山《おおひら》（七一一・五㍍）と高峰山《たかむね》（Ca七九〇㍍）

地形図　二万五千分の一「大和大野」

赤埴《あかばね》乙の十字路で、大平山への矢印に従い西への舗装路に入る。北へ大きく曲がると台地で田畑が広がる。やがて二俣で「山の神」と刻まれた石碑が建つ。左の道に入ると農家が一軒ある。田畑が途切れて、左の林道室生ダム線（幅員四㍍）に入り、しばらくして右上へと作業道が延びていたからこれを登る。急坂から大平山の山腹を巻く道になる。左下に林道室生ダム線が見えていたが、すぐにそれは離れて行った（赤埴乙の十字路までは高城山の項を参照）。

次の谷に出合うと、谷筋の登りになる。作業道の雰囲気はなくなって普通の山道となり、雪を踏

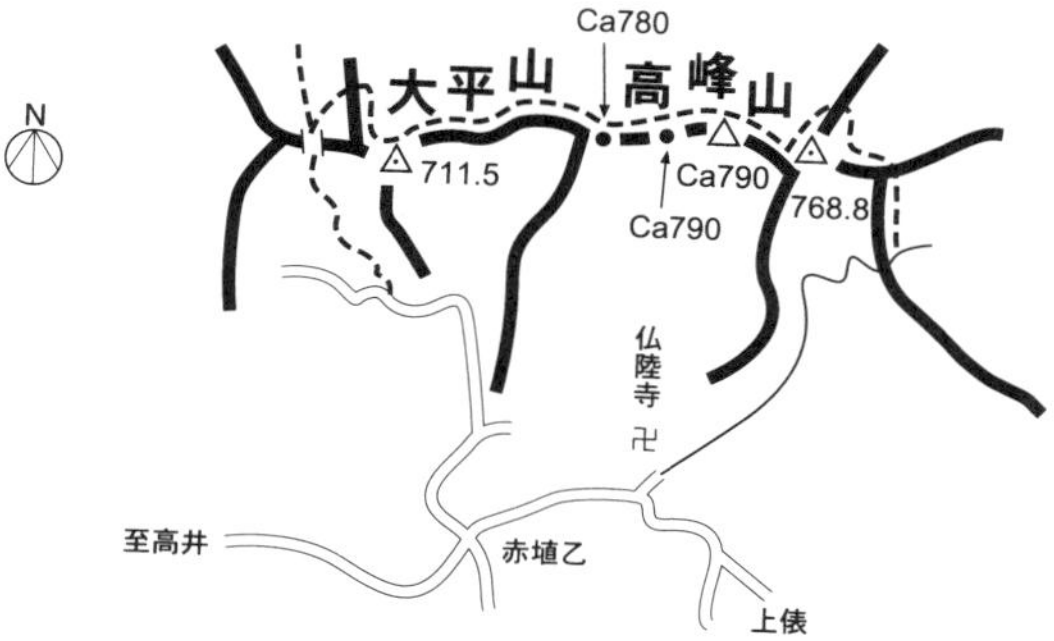

み締めての登りになった。地形図のコンターの詰まっている所は、急坂でジグザグをきって登って行く。やがてササの茂る峠で、この道は荷阪《にさか》へ下っていく。

大平山へは北側のトラバース道を進み、北から登ってくる支尾根に出て切り返すようにして登ると、稜線が近づいてきた。その下を絡むようにして稜線に抜け出て登ると、三等三角点がある大平山山頂であった。雑木林の山頂からは金剛山と葛城山が木々の間から望めた。

休んで高峰山へと向かう。北東への少し急な下りから登りになり、イノシシ除けの金網が出てくると北西面が開け、額井山から貝ヶ平山、鳥見山が見え出した。真新しい猟銃の薬莢が落ちている。先ほどから雪面に人の足跡が縦走路から外れた林の中に見られたが、それは猟師のものだったのだ。この縦走路は右側が切れ落ちていて灌木帯で、左側はスギ・ヒノキ林が続いている。イノシシ除けの金網はコンター七五〇㍍付近で終わる。

この稜線上には、地形図ではCa七八〇㍍、Ca七九〇㍍、Ca七九〇㍍と、同じくらいの標高のピークが三つ続いて、どれを高峰山

仏隆寺の裏にある高峰山

の山頂と見なしてよいのか分からない。しかし実際に登ってみると、真ん中のCa七九〇㍍峰は立派なマツがあって、最も山頂らしい雰囲気があり、三つ目のCa七九〇㍍峰は真ん中のピークの肩のような存在に思えた。しかし、そこには「高峰山八〇二㍍　ハイキング同好会1996・6・9」と山名標もあり、展望も北西が開けて遠く三角錘の高見山が望め、目の前には三郎ヶ岳、唐戸山（八二二㍍）から小型高見山のように見える三鈷ヶ岳（七三七・六㍍）まで続く長い稜線が望めた。

ここから西へ急な下りで次の尾根に乗り、北へ折れると四等三角点（七六八・八㍍）がある。さらに北へ下ると、峠状の地点に「ヒノキ林明治百年記念造林」と刻まれた石碑があって、南北に道が越えていた。南へ下る道をたどるトラバース道から先ほどの四等三角点から南へ下っている尾根に乗り、それが町村界尾根になって北向きになりかける地点で切り返して、南への巻き道から再び町村界尾根に乗る。登り下りが少しあって、やがて役ノ行者の石像がある峠に出た。ここは仏隆寺から室生へ越える室生古道も通っている。そこからは四輪駆動車の轍が残る雪の古道を仏隆寺へと向かった。

（97・2・9）

▼最寄バス停：奈良交通・高井

▼参考タイム：高井バス停（30分）赤埴乙の十字路（5分）山の神（10分）作業道（25分）峠（10分）大平山（35分）高峰山（10分）四等三角点（七六八・八㍍）（15分）峠（15分）仏隆寺（40分）高井バス停

仏隆寺は室生寺派末寺で室生寺の南門として摩尼山光明が岳の麓に位置する。嘉祥三年（八五〇）空海の高弟堅恵が創建したと伝えられるが、一説にはこれより先、興福寺別当修円僧都がこの地に開いたともいわれている。境内には、石造十三重の塔、堅恵の石窟、仏隆寺のサクラ、本尊十一面観音像、不動明王像、堅恵像、弘法大師像、茶臼など重宝が多い。また地蔵菩薩像石段は鎌倉時代、鐘楼堂は江戸時代、本堂求開持堂は昭和になってから改築されたものである。いずれにしても寺観も整い、榛原から当寺を経て室生寺への経路は風物にも優れ、美しいところであろう。

袴《はかま》ヶ岳（八一六・七㍍）

地形図　二万五千分の一「高見山」

高城山からの眺望はすばらしく、高見山、台高・大峰の山々から龍門・音羽三山、金剛・葛城山まで見渡せるが、なかでも諸木野川を挟んで対岸にそそり立つ袴ヶ岳が私の目を引いた。この鋭峰は私好みで登攀意欲をかきたてられる山である。高城山から眺めると袴ヶ岳は東西が急峻である。東側の谷が人工林で、谷筋に杣道がありそうだ。これを詰めて八一五㍍と袴ヶ岳との間の鞍部に抜けて稜線をたどるルートがよさそうだと考えた。

赤埴口バス停から国道三六九号線を南へ、緩い登りを越えると「諸木野二・五㌔」と標識が出て、諸木野川沿いに東へと入る車道に入る。スギ林の中を行くと、これから登る袴ヶ岳が谷通しに見えてくる。ここから眺める袴ヶ岳は台形で袴の腰板によく似ている。

前方が開けると諸木野の集落で、「右いせ本街道・左仏隆寺」と道標が立つ。右へ行くと伊勢本街道を訪れるハイカーが休めるあずまやがあった。街道はここから地道になり、「林道諸木野石割峠線（幅員四㍍）」と標識が出る。林道終点手前一〇〇㍍で林道が二つに分かれる。左は伊勢本街道で石割峠へ向かっているが、

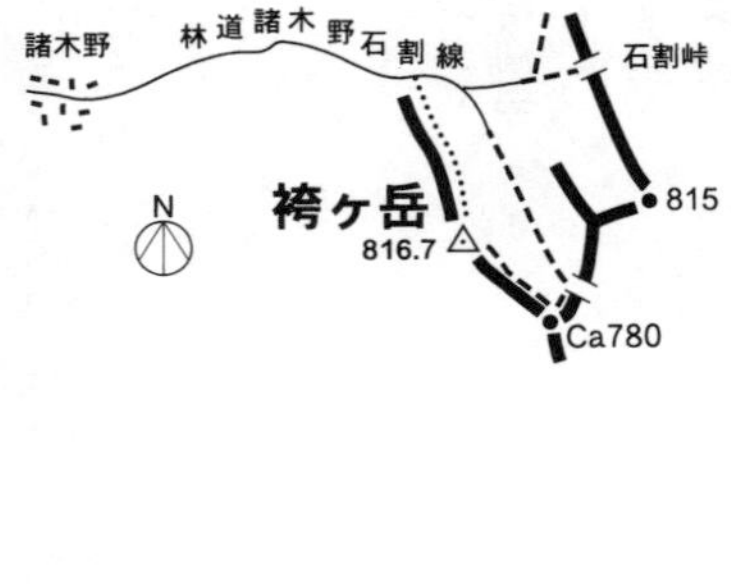

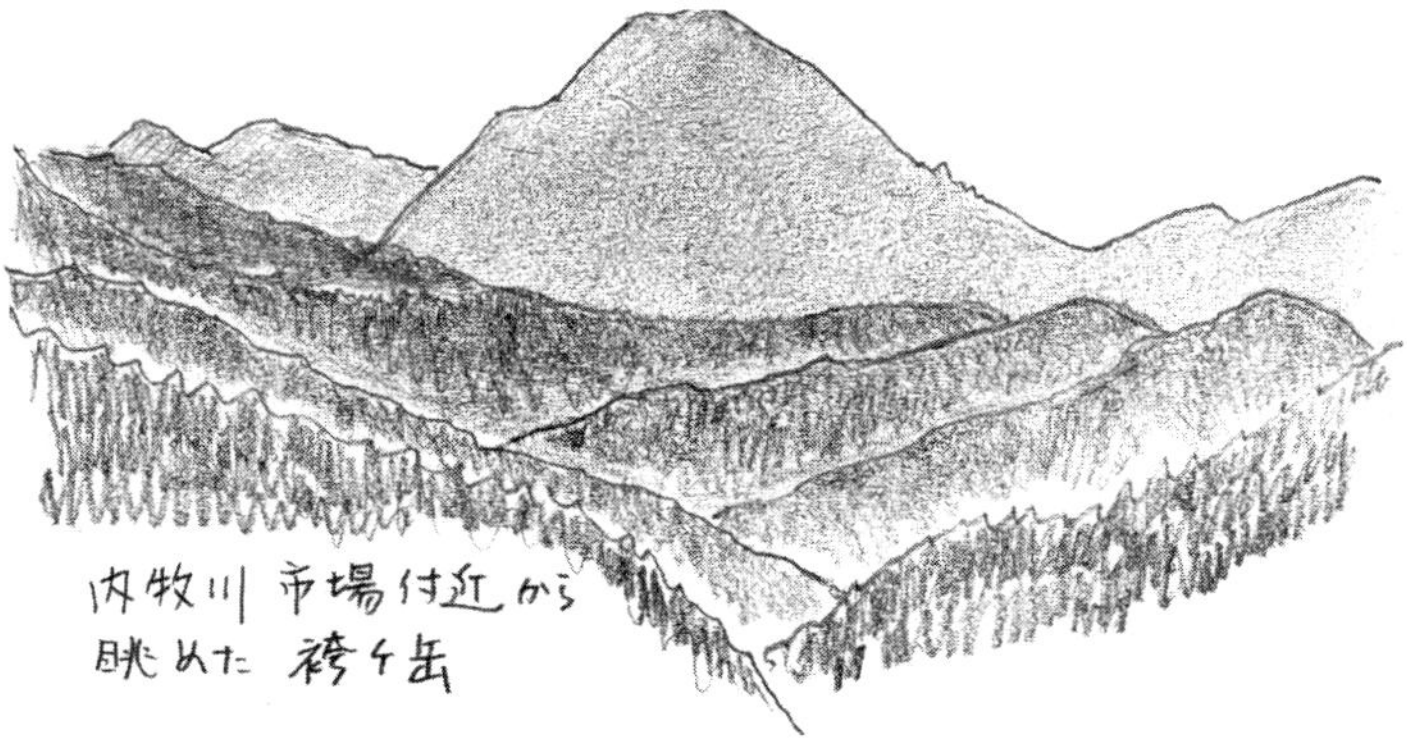

袴ヶ岳へは右（南へ）の林道で、これが高城山から眺めたときに登ろうと決めていたルートである。その林道は一〇〇㍍ほどで終わり、山道になった。

右岸から左岸へ渡り、登りつめると沢は三つに分かれる。右端の沢と真ん中の沢の間の支尾根に踏み跡が続いていたのでこれに取り付く。あまり定かでない踏み跡がササの中に続き、大きなマツがあって八一五㍍と袴ヶ岳との間の鞍部、南側はヒノキ林。西にあるCa七八〇㍍のコブを巻き、踏み跡をたどり稜線に出る。登るに従って両側が急峻になり、灌木帯の急な登りになる。

落葉を踏み締めて登りきると、四等三角点のある小さな山頂であった。展望は良く、龍門岳から音羽三山、鳥見山、貝ヶ平山、目の前には三郎ヶ岳、曽爾山群の国見山、住塚山、古光山、学能洞山から、その奥に尖った局ヶ岳、白く雪を被った三峰山と高見山が望める。

下りは北へ向かう尾根に赤いビニールテープが続いていたのでそれに従う。急な下りが続き、ちょっとした岩場もある。

途中で赤いビニールテープを見失ったので、正面に三郎ヶ岳を見ながら尾根を忠実にたどったが、踏み跡が定かでなくなった。急斜面をササとスギを支えにして下ると伊勢本街道に出た。その地点には「南無阿弥陀佛　貞享三年」と刻まれた石碑があった。帰りは諸木野弥三郎の墓にお参りをして、赤埴ロバス停へ向かった。

（96・12・1）

▼最寄バス停：奈良交通・赤埴口

▼参考タイム：赤埴ロバス停（40分）諸木野（20分）林道分かれ地点（20分）八一五ﾒｰﾄﾙ峰と袴ヶ岳との間の鞍部（10分）袴ヶ岳（40分）伊勢本街道に出る（55分）赤埴ロバス停

諸木野弥三郎の墓

諸木野弥三郎は伊勢の国司北畠具毅の家臣である。故あって一時宇陀松山の臣と成り、諸木野城に拠り弓場の達人として世に聞こえた。織田信長七万の大軍を以て伊勢の大河内城を攻撃した。難攻不落を誇る大河内城を陥入れる事は容易ではなく長期戦と成った。或時信長桂瀬山の者を一人呼んで松の大木に上がらせ城中に向ひ具毅公の悪口雑言しけるに、城中の諸氏是を聞き秋山の侍に秋山万助、秋山志摩之助、諸木野弥三郎、三人の弓の名手ありければ、国司諸木野最も優れたりとて弥三郎を召して、あれを射よと仰せありければ、弥三郎畏って強弓に大矢をつがえこれを射る。敵味方見物しけるに其矢四五町を射渡しあやまたず彼の人にあたり松の木に射抜きければ、信長公を初め寄手一度にドッと感じければ、国司も御感料ならず信長公も歓喜して即ち其の矢に褒美を添えて敵陣に送り給ふ。弥三郎の高名さる事なれど、信長の計らいさすが名将なりと敵味方共に同音に褒めあえり。

勢陽雑記による。明治初年頃までは多気よりお盆の七日には毎年墓参を欠かさなかった。
弥三郎の出生地は伊賀の国名張郡諸木村の生まれである。現三重県青山町諸木である。
諸木野自治会

住塚《すみつか》山(次郎岳)（一〇〇九・四㍍）から国見《くにみ》山（一〇一六㍍）

地形図 二万五千分の一「大和大野」

曽爾《そに》長野バス停から北へ少し行くと「屏風岩へ三・二キロ」と道標が出ている。そこから左へ入ると舗装路が上へ延びていて、要所要所にある道標に従えば自然に屏風岩へと導かれる。バス停から一時間ほどで屏風岩公苑に着く。屏風岩は石英安山岩の柱状節理の断崖で、高さ二〇〇㍍、幅一五〇〇㍍あるという。見上げると柱状になった岩の壁が覆い被さるように迫る。

プレハブのバンガローがある屏風岩公苑を横切るとすぐ登り口、直登からジグザグの登りになる。スギ林の登りだが、灌木の林が隣にあるから、そこから飛んできた落葉を踏み締めての登りである。やがて一の峰のコル、ここから南へ雑木林の稜線を登る。それが少し下りになる地点で高見山から三峰山が見えてくる。緩い登り下りがあって、登りだけが続くようになると右側のヒノキ林が消え、雑木林になる。

三角形の国見山が木々の間から望めるようになると、ほどなく二等三角点がある住塚山に着く。展望はもう一つだが高見山から三峰山、学能洞山、少し国見山寄りに移動するとゴツゴツした古光山から倶留尊山、鎧岳から兜岳が望める。

国見山への山道にはまだところどころ雪が残っており、それを踏み締めながら下る。西からの風がきつく、稜線を吹き抜けていく。カラマツが見られ、住塚山と国見山との鞍部、ゼニヤタワはヒノキ林で暗い。ヒノキ林の少し急な登りをぐんぐん登るとササと岩の痩せ尾根で、倶留尊《くろそ》山と古光《ごこう》山を眺めながら抜け、少しの登りで国見山であった。貝ヶ平から額井岳、鳥見山、音羽三山、三郎ヶ岳、高見山、学能洞、古光山、倶留尊山、こちらから眺めると柔らかい兜岳など三六〇度の展望だから、この山頂で昼食にするパーティが多い。私もここで昼食を済まして山頂を後にする。

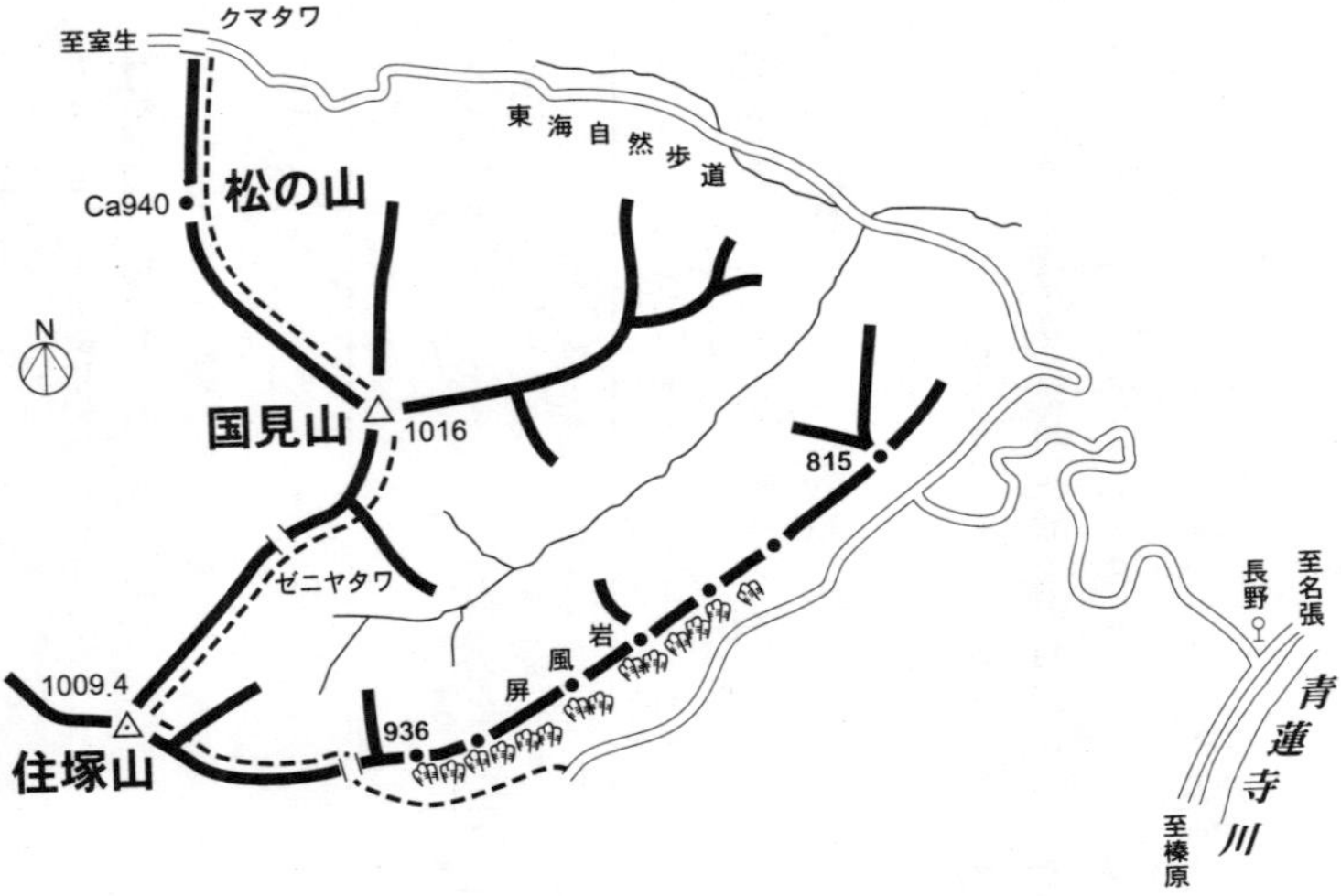

階段の下りから灌木とササの中の下りになり、落葉を踏み締めるようになる。サッサッという枯れ葉の擦れる音が靴底から爽やかに伝わってくる。国見山とCa九四〇㍍峰との鞍部から急な階段を登るとCa九四〇㍍峰で「松の山」と書かれた札がある。ここからの展望はなく、一気の下りで鞍部、この鞍部はクマタワという。トイレもある。ここを東海自然歩道が曽爾村から室生へと越えている。あとは東海自然歩道の道標に従い、広い道を曽爾側へと下った。（97・3・9）

▼最寄バス停：三重交通・曽爾長野

▼参考タイム：曽爾長野バス停（60分）屏風岩公苑（8分）登り口（15分）コル（25分）住塚山（20分）ゼニヤタワ（25分）国見山（30分）Ca九四〇㍍峰（10分）クマタワ（20分）林道三ヶ谷線出合（10分）林道川根線出合（30分）屏風岩公苑への分かれ（45分）曽爾長野バス停

鎧《よろい》岳（八九三・九㍍）と兜《かぶと》岳（Ca九二〇㍍）

地形図　二万五千分の一「大和大野」「倶留尊山」

近畿で私の好きな山を挙げれば筆頭はこの曽爾山群の鎧岳だ。初めて訪れたときは、その天を突く鋭さと中腹の垂直の岩壁に圧倒された。その南にある兜岳も印象に残った。

宇陀郡曽爾村にある鎧岳・兜岳・屏風岩を曽爾三山という。武士が鎧を着たように見える鎧岳。その西側に武士がかぶる兜に似た兜岳。柱状節理の岩肌が美しい屏風岩。それぞれの個性的な形や断崖絶壁が他に比類なくすばらしいということで、昭和九年（一九三四）一二月二九日に国の天然記念物に指定された。

さて本日は横輪バス停から県道六八四号線（赤目掛線）に入る。鎧岳が台地の後ろにそのとんがりを覗かせ、その左に兜岳がゴボッと盛り上がっている。家並が途切れると奥香落山荘がある。その先をS字状に回り込み、高原ロッジ前を過ぎ、しばらくして谷筋の道になる。三段の滑滝が足下に見え、続いて約七㍍の滝が現れた。橋を渡り、兜岳の南側を行き、左へ大きく曲がる地点に目無地蔵がある。そこが登山口で、沢沿いに山道があってスギ林の中に延びていく。沢の分かれで右に入ってすぐに尾根に取り付く。尾根が東向きから北東、北北東に変わるに従ってササとスギ林から明るい雑木林になる。振り返ると屏風岩の峰から住塚山、国見山が見え、高見山も望めるようにな

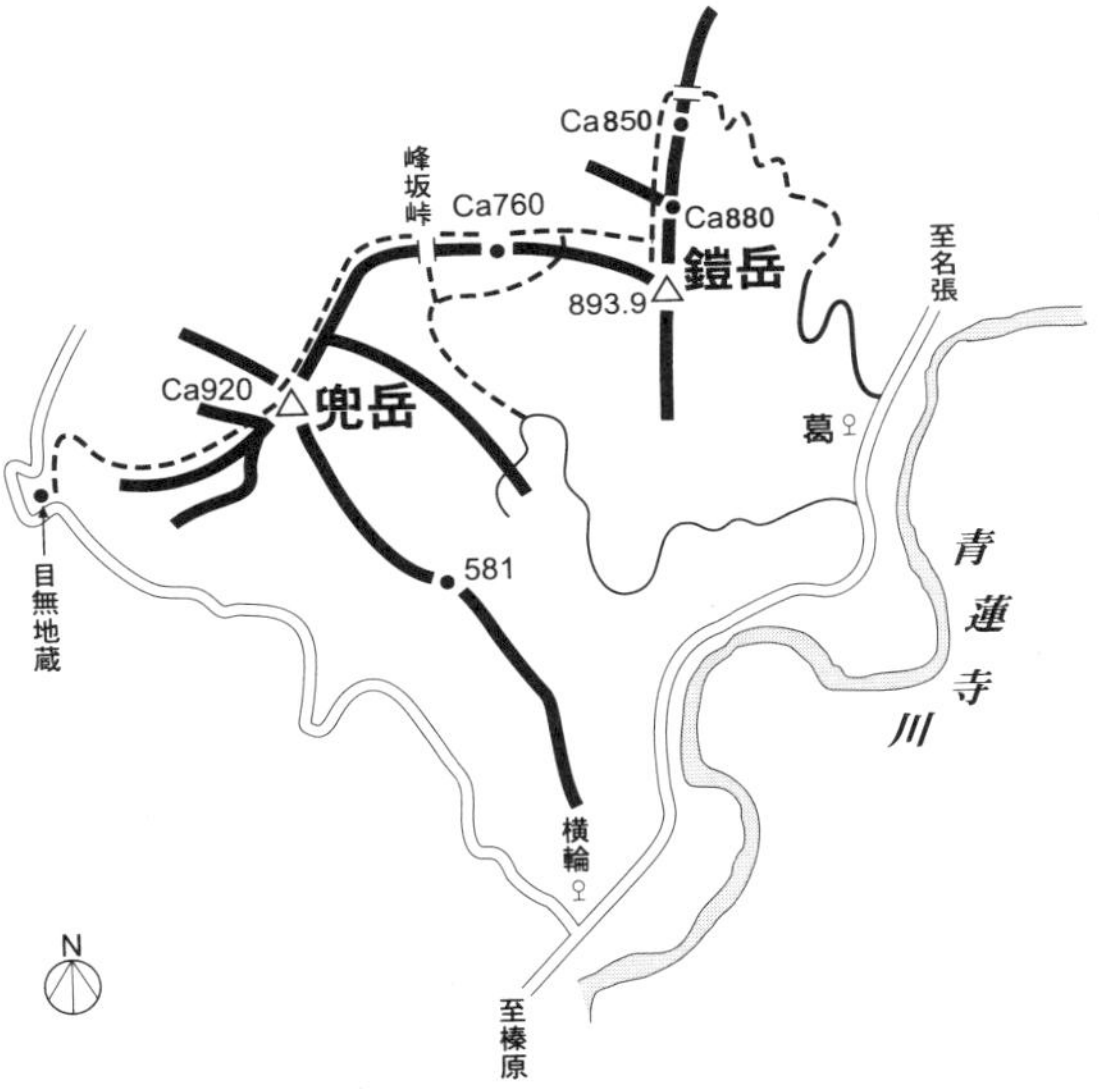

ってきた。高度が上がるにつれて急登になり（ロープが固定してある所もある）露岩が出てきて、手を使っての登りも多くなる。この辺りが兜岳の登りの核心部である。やがて緩い登りになると身丈大のササの海をくぐるように進み兜岳の山頂に着く。山頂は雑木林と深いササで展望は悪い。

鎧岳への縦走はササを掻き分けての緩い下りから始まり、それを抜けると小さなコブを越え、鎧岳の垂直の岩壁を見ながらの下りになる。曽爾側はストンと落ち込んでいて灌木が下まで続いているように見える。左からスギ林と合流し、その幹に掴まりながらの急坂を下りると峰坂《むねさか》峠で、右は曽爾郵便局への下り、左は落合への下りで、正面の道が鎧岳への縦走路だ。

一息入れて鎧岳へ向かう。Ca七六〇㍍のコブを越えた地点で右からの道と合流、これは曽爾側から登ってきた道が稜線近くで左右に分かれ、左はCa七六〇㍍の南の峰坂峠へ、右の道がここへ来ている。ここからはヒノキ林の割に急な登り、前に来た時は暗い登りだったが、間伐されていて明るくなっていた。稜線に抜け、右へ少し行くと三角点のある鎧岳の頂上で、東の切り開きからは倶留尊山と古光山が望め、首を長くすると南西には牛ヶ平から三角形の観音山へ続く稜線が見えた。

下りは北へのスギ林の稜線を行き、Ca八八〇㍍とCa八五〇㍍のコブを越えると清水山の手前の鞍部に着く。曽爾側へのジグザグの下り道で、人工林の単調な山道になる。どんどん下ると、「直進・新宅本店前バス停」と「右・下山道・診療所へ」の分岐点。右を行くとすぐに林道の終点に出た。この林道は鎧岳の山腹を巻くようにして下っている。青蓮寺川に食い込んだ鎧岳真東の突起が見えだし、青蓮寺川のウネウネした流れを見ながら下小場の集落の村道に抜け、それを下って曽爾街道に出た。曽爾村健康保険診療所が建ち「鎧岳登山道入り口」と道標があった。

なお、兜岳の標高は二万五千分の一地形図「大和大野」から読み取ってCa九二〇㍍としたが、昭文社のエリアマップ「赤目・倶留尊高原」では九一七㍍となっている。（97・3・23）

▼最寄バス停：三重交通・奈良交通・横輪・葛

▼参考タイム：横輪バス停（三重交通・奈良交通）（40分）目無地蔵（45分）兜岳（30分）峰坂峠（35分）鎧岳（15分）清水山手前の鞍部（25分）新宅本店前バス停との分岐点（25分）葛バス停

スケッチ登山の楽しみ—鎧岳と兜岳を歩く—

（初出『岳人』一九九三年一〇月号を一部加筆修正）

若い頃は高い峰にあこがれ、近くの山々へはそのためのトレーニングの場として登っておりました。しかし、歳とともにいつの頃からか山の高さを全く気にしなくなり、今では近くのあまり知られていない山、特に山道の判然としない藪山に登るようになりました。そして、それらの山々を麓から、あるいは稜線からスケッチしながら登る楽しみを見つけました。

登山をする時、ザックにスケッチブックを入れるようになったのは一〇年ほど前からです。それまではザックにカメラを必ず入れ、好い形・個性のある山を見つけると、山麓から、稜線から、あるいは山頂からシャッターを押しておりました。しかし、フィルムを現像しますと、鋭い峰も三角錐の峰も滑らかになったり、緩い峰になったりでがっかりでした。つまり、その山の持つ個性を引き出すことができませんでした。もっと写真のことを勉強すれば納得するものが撮れたのでしょうが……私にはその根気がありませんでした。ところが、スケッチブックを持参して山を描きますと、どうでしょう。富士山を描く北斎のように、鋭い峰も三角錐の峰もより鋭くなり、丸い山頂はより丸味を帯びてきます。つまり、その山に思い入れした描き方になってしまいます。その山の個性を引き出そうと、あるいは自分のイメージ通りの山を表現しようとエンピツを走らせるのです。スケッチですと写真と異なって、前景にある邪魔な送電線やそれの鉄塔、木や枝を、あるいは建造物を

取り除くことが出来ます。また木々の間からしか見えない山でも、写生の位置を少しずつ移動することによって稜線を繋いで山を描き出せますから愉快です。これは写真では出来ない技です。その上、その場で表現出来ますから気に入らなければ直せますし、また描き直すことも出来ます。

私は数人の気の合った山仲間と山行をするのが一番楽しく、その人達との会話でより登山が充実し、思い出が深くなります。特に頂に登り着いて食事をしながらの会話は楽しいものですが、山頂から好い山が近くに見えたりしますと私は食事をするのもそこそこにして、スケッチブックを広げますから、その間だけはそれに熱中してしまい、仲間との会話から少し外れてしまうのが気になります。

鎧岳・兜岳

山をスケッチするとき、個性のある山との出会いが一番の楽しみになります。それも、まだ登ってない好い形の山を見つけたときは小踊りしたくなり、筆は進むのです。そして、その山を描いていくと、見えにくい支尾根も浮かび上って見えてくるから不思議です。そのように山を描いてからその山を登りますと、地形図から想像するよりも山容が理解できます。特に、スケッチした支尾根のルートを登っていますと、現在地が地形図でどの辺りにいるというより、スケッチのあの辺りを登っていることが頭に浮かび、山頂へのルートに対する心構えや計算が出来、余裕をもって登れます。これはスケッチのお陰です。今は、これを繰り返すことによって山登りがより楽しくなっています。

一九七六年九月一八日―一〇月一八日まで「奥村厚一のスケッチと所蔵品展」が京都市美術館で開かれた。山のスケッチも展示されていると聞いたものだから出かけた。

エンピツの濃淡と薄い色エンピツだけで描いておられるだけなのに、光が鮮やかに見えるのは何故だろうか……。すばらしい自然の光の描写にただ唖然とするばかりであった。スケッチだけでこんなに見事な作品が描けるとは、驚きであった。剣山・石槌山、曽爾山群にもよくスケッチに行かれたようで、それらのスケッチの中でも『曽爾村今井より鎧岳・兜岳』は、私も鎧岳をスケッチしたことがあったから見入ってしまった。

その兜岳へは、一九六〇年四月、前夜に近鉄・赤目口駅の近くの神社でビバークして、翌朝、赤目四十八滝から椿井越で兜岳に登り、鎧岳へは一九八七年九月に登っている。今回は、家内が以前から登りたいと言っていたのと、奥村厚一氏のスケッチ『曽爾村今井より鎧岳・兜岳』を見て、同じような構図でスケッチをしたかったので、鎧岳と兜岳へ登山してから、麓でこれらの山々をゆっくり描こうと計画した。

車で城陽市の自宅を八時半に出発し、曽爾村葛には二時間後に着いた。峰坂峠へ金強《きんつば》神社の参道から風呂谷の舗装道路に抜け、その終点からスギ林のジグザグの山道を入ると説明板があり、「ヒダリマキガヤ―県指定天然記念物―カヤの果実や種子は、変化に富む。ヒダリマキガヤは、こうした一変種で、核殻の螺旋状条線が左巻の数が右巻の数より多いのでヒダリマキガヤと呼んでいる。

ここは、この種類のものが一二本群生し、他の地域では類例をみない。曽爾村教育委員会」と出ていたが、どこにヒダリマキガヤがあるのか分からなかった。

足元には白い野菊やラッキョウの紫色の花が咲くジグザグの山道を登り、峰坂峠からまず兜岳へ。ヒノキ林が右に広がり、左は灌木帯が落ち込む稜線沿いの急坂を登ると、岩が露出したところで展望が開け、後で登る鎧岳の南面が象の頭のようで裾野は鼻のように伸びて、南方の曽爾の山々が見え出した。倶留尊山、古光《こごう》山、学能洞山、三峰《みうね》山、遠くに槍のような局《つぼ》ヶ岳が望めた。稜線は落葉樹になり、その落葉を踏みながらの登りは秋深しであった。

コブを二つほど登り下りして、最後の登りはクマザサをかき分けて灌木の中の頂で、中年の男性が一人、一息ついておられた。そのうち、京都の田辺町山友会の方々も登って来られた。皆さん鎧岳から縦走して来られ、高原ロッジへ下山されるようだ。

昼食後、私たちは峰坂峠に戻り鎧岳へ。コブを一つ越えてスギ林の急坂を登り、稜線に抜け、右に行くと三角点があって鎧岳の山頂であった。スギ林とアケビに囲まれた味わいのない頂上で、首を長くすると西に国見岳、東に倶留尊山と二本ボソの頂がわずかに見えていた。

少し休憩して稜線を北へ、八七六㍍峰の手前のコルからスギ林の急斜面を縫うように下山すると新宅本店前バス停であった。

青蓮寺川沿いの県道を葛バス停まで戻り、鎧岳をスケッチするため愛車で嶽見橋まで移動し、きりっとした鎧岳をスケッチ（ここからは兜岳は見えない）、そしてもう一度車を動かし曽爾村役場前から青蓮寺川を渡って少し高い所から鎧岳と兜岳の二山をスケッチしたが、奥村厚一氏の『曽爾村今井より鎧岳・兜岳』にはとても及びようがなかった。しかし、鎧岳と兜岳をＢ五判横開きのスケッチブックに見開きで描けたことに満足した。鎧岳と兜岳を比べてみると、どちらも山らしいよい形をしており、両峰とも東側は急峻、西側は比較的緩い傾斜である。青蓮寺川右岸から眺めると鎧岳の方が鋭峰で人気があるが、登ってみると鎧岳はスギ林の登り下り、兜岳の方は落葉樹が多く落ち着いた雰囲気の山であった。

曽爾山群には、鎧岳・兜岳以外にも、ごつごつとした男性的な古光山や住塚山から続く屏風岩、柔らかく丸みを帯びた女性的な大洞山に伊賀富士と呼ばれる尼ヶ岳、人気のあるスマートな倶留尊山と二本ボソ、三角形の国見山、青蓮寺川から見上げる小太郎岩と個性豊かな山々が多く、スケッチには最適な山域である。また、これらの稜線からは南に関西の名山高見山の三角錘や西には鋭峰局ヶ岳が曽爾山群を取り囲んでいるから、画題にはこと欠かない。

（92・11・1）

▼最寄バス停：三重交通・葛、新宅本店前

▼参考タイム：葛バス停（45分）峰坂峠《むねさか》（35分）兜岳（30分）峰坂峠（35分）鎧岳（45分）新宅本店前バス停

倶留尊山《くろそ》（一〇三七・六㍍）

地形図　二万五千分の一「倶留尊山」

「倶留尊山という山名は、この山の北西の谷間に祭られている『くろその石仏』に由来する。この石仏は、いわゆる石に刻まれた仏像ではなく、谷間から直立する大きな自然のままの石である。

室生火山群がつくった自然

曽爾付近に見られる柱状節理は、屏風岩だけでなく、三重県の名張近くから曽爾村の青蓮寺川にそって見られ、また、鎧岳・兜岳も柱状節理の山である。この柱状節理は、約一千万年前に室生火山の大噴火がおこり、噴出したマグマが冷却収縮して規則正しく割れめが表面にできたために柱状になったものである。そのために、断崖絶壁のようになっているところが多い。

室生火山群の噴出は、宇陀郡東部を中心に、山辺郡南部、三重県名賀郡南部に及び、東西約二五㌔、南北一五㌔にわたっている。柱状節理をつくっている岩石は、斜長流紋岩質溶結凝灰岩・石英粗面岩である（志井田功氏による）。このような柱状節理は、岩石はちがうが、二上山の石切場や兵庫県の玄武洞や福井県東尋坊でも見ることができる。

（『奈良点描1』長田光男編）

―中略―

この地方では椿井《つばい》越えの目なし地蔵、布引川の奥ノ弁天、それにこの倶留尊石仏など、どれも偶像崇拝ではなくて自然の石を祭っている。やはり、かの三輪山信仰に見られるような古代信仰の名ごりなのだろうか。」（『大和青垣の山々』奈良山岳会編より）

とあるように、クロノ谷にある倶留尊大権現の倶留尊石（「狗留尊石」「くろその石仏」ともいう）が山名の由来となっているようだ。

古代より信仰の山とされてきた倶留尊山には、平成三年（一九九一）の正月に狗留尊石経由で登っている。林道は倶留尊大権現を越えても、まだ先まで延びており、倶留尊山と二本ボソの

倶留尊山

鞍部近くまで通じている。前回はこの林道を利用して登ったが、今回は曽爾高原より登ることにした。

「国立曽爾少年自然の家」の近くまで車で入り、駐車場から眺める景色は一見の価値がある。住塚山、国見山、兜岳、鎧岳の展望がすばらしく、ここまで車で来てこの風景を見るだけでもいいと思う。おかめ池の台地に上ると、ススキの金色の世界が広がるが、今日は違っていた。ススキの原の山焼きで火成岩の黒茶色の世界が広がっていた。

東海自然歩道が亀山峠を越えて太郎生へと通じているので、この道を登って亀山峠へ向かう。おかめ池の台地付近はワラビを採る人達でにぎわっていた。ゴロゴロした岩の中を急登。振り返ると眼下に瓢箪型のおかめ池が見え、その後に古光山、高見山も顔を覗かせている。樹林帯に入ると、この山には入山料がいる旨が書かれた立札が立っている。二本ボソの山頂に行くと管理小屋があって「倶留尊山・二本ボソの清掃・維持管理の為、平成四年一〇月一日より入山料いただいております ので、みなさまのご協力をよろしくお願い致します。一般大人五〇〇円、子供二〇〇円　山林所有者・奈良県吉野町下市町35―4・柳原林業株式会社」とあった。

二本ボソの山頂からは、北に倶留尊山、東に尼ヶ岳と大洞山、頂上直下にイワシの口が見える。ここからの下りは急なので、固定ロープが付けてあったりする。モチツツジ、イヌツゲ、ウリハカエデ、エゴノキの林にシャクナゲが多く見られるのでシャクナゲ庭園にされるのかもしれない。やがてコルに到着。クロノ谷からの道がここまで通じていた。ここからが急登で、固定ロープあり、岩を摑みながら登る所もある。コナラ、クマシデにアセビの白い花が満開だった。

山頂に着くと三、四〇人は樂に座れる広さがあった。尼ヶ岳と大洞山の雄岳・雌岳、学能洞山、局ヶ岳、栗ノ木岳、三峰山、台高山脈、古光山、高見山、黒石山、観音山、牛ヶ平山、住塚山、国見山、兜岳、鎧岳と申し分のない展望。北隣のピークには、管理小屋がある。ササと灌木帯が続く下りで、こちらもアセビが多い。九〇〇㍍付近で紅ヶ岳へ向かう村界尾根を見送り、西浦峠に下る。急な下りである。こちらから登ってくるパーティは少なく、出会ったのは二パーティだけだった。

八九七㍍峰手前のコルからは緩い登りとなる。低木帯にアセビの花が白く輝き、右に大洞山の雄岳・雌岳、尼ヶ岳を見ながら八九七㍍峰を越え、ヒノキ林の所で右へ下ると西浦峠（Ca八三〇㍍）である。「中太郎バス停（四五分）」の道標に従い東へ、スギ林のシグザグの一㍍幅の道をどんどん下り、林道を横断して次の林道に出て、右にとると東海自然歩道と合流する。二本ボソと倶留尊山を見上げ、道端のネコノメソウ、オオイヌノフグリを見ながら南へ進む。

この東海自然歩道は、ワラビ採りをしながら歩いている夫婦連れや、中高年のパーティが多い。くろそ山荘を過ぎるとヒノキ林の中の石畳の道に入る。「亀山峠へ一・四キロ」と道標が出る。エンレイソウが見られジグザグの階段登りが続き、やがて亀山峠であった。後は登りに使った道を下り、国立曽爾少年自然の家の前を通って駐車場に戻った。

（97・4・20）

▼最寄バス停：三重交通・太良路

▼参考タイム：国立曽爾少年自然の家駐車場（20分）亀山峠（25分）二本ボソ（25分）倶留尊山（50分）西浦峠（40分）東海自然歩道と合流（45分）くろそ山荘（25分）亀山峠（25分）国立曽爾少年自然の家駐車場

狗留孫仏とは

菊池　武

そもそも狗留孫仏とは、釈迦の過去七仏の第四番で、現在の賢劫《げんごう》の時に出現する千仏の第一仏という。一度の説法で解脱させた衆生の数は四万人という。インドでは、実在の仏とされ、生まれた都城の跡や、種々の塔があって、遺身舎利の塔の傍に阿育王の建立と伝える獅子頭の九メートル余の石柱があったとされている（『高僧法顕伝』・『大唐西域記』第六）。こうした狗留孫仏を、山麓の人々を中心に、多くの庶民が信仰の対象として篤く敬っていた。

この倶留尊山の山名の由来ともなった仏像に似た高さ一〇メートル程の巨岩（倶留尊大権現）が、大断崖の屏風岩の北西中腹下に存する。付近に、「大徹和尚、寛延四未天三月廿四日」刻んだ小石仏があり（一説に、大徹和尚がこの狗留孫仏を刻んだともいう）、南隣の鰯の口（九九六㍍）から亀山（八四九㍍）に通じる亀山峠（八一〇㍍）には、「役行者碑」も存する。

狗留尊石

古光《こごう》山（九五二・七㍍）

地形図　二万五千分の一「倶留尊山」「菅野」

亀山・後古光《こごう》山から

古光山は急峻で山頂付近がノコギリ歯のような形をしている私好みの山である。

曽爾《そに》高原にある「国立曽爾少年自然の家」の駐車場に車を置く。ここから青蓮寺川を隔てて聳える屏風岩、住塚山、国見山、兜岳そして鎧岳と続く山々は、それぞれ個性があっていつ眺めても飽きない。秋の曽爾高原はススキの穂が輝き、それを狙ってカメラを構える人も多い。

おかめ池は長い年月の土砂の堆積でほとんどが湿地化して、湿原植物の宝庫となっている。ヨシを主にサワヒドリなど約五〇種類の草木が自生しているという。「亀山峠まで〇・六キロ」と道標が出て、遊歩道の登りになる。二本ボソ側の裾を巻くようにして緩い登りが続く。登るに従ってお亀池が眼下に広がり、後古光山と古光山が顔を出してくる。この辺りから眺め

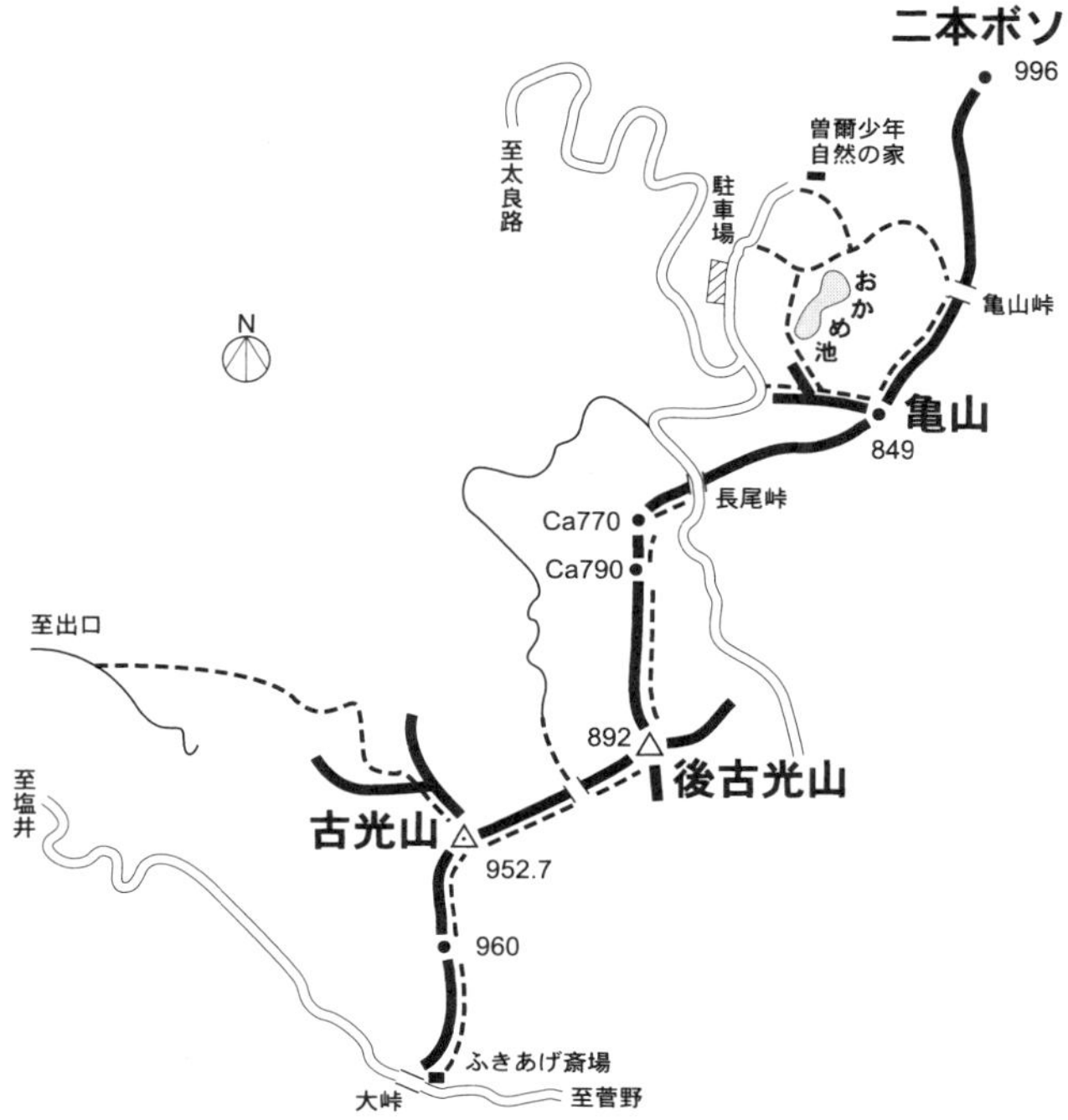

る古光山は峨々とした山姿ではなく、柔らかい線を描いている。やがて亀山峠、そのまま南への稜線を進む。西側の展望がよく、秋風に吹かれながら住塚山から鎧岳へと続く山々を眺めながらの稜線歩きとなる。

　亀山峠から二つ目のピークが亀山である。東南には学能堂山と三峰山が顔を出している。腰を降ろして、これから登る後古光山と古光山をじっくりと眺める。亀山からいったん西へ下るが、踏み固まった粘土質で滑りそうだった。お亀池への分岐点で左に入って、遊歩道を下り、長尾に向かう車道に出ると左に曲がる。次のT字路をまた左に入ると長尾峠である。右のヒノキ林側が後古光山の登り口となっている。ヒノキ林の中、直登が続き、Ca七七〇㍍のピークが近づくと雑木林も混じり、イガグリが山道に落ちている。Ca七九〇㍍峰の右下には、あずまやがあり、反対側の台地には「これ何の木園」がある。後古光山に向かうには右の山道に入る。雑木林の中、急な階段登りが続き、固定ロープが付けられた所もある。登りきった頂の次のピークが後古光山の山頂だった。

眼前に古光山が迫り、その右肩には住塚山、そして国見山、兜岳、鎧岳と続く。北は二本ボソ、東北は尼ヶ岳と大洞山、東は学能堂山、私の好きな山、局ヶ岳が顔を出し、柔らかい稜線の三峰山も望めた。集団登山がされているらしく、「県立高取高二四三名」、「奈良市立都跡中」、「登美ヶ丘中」、「天理西中」と書かれた木片が目につく。下りも急で、山頂から固定ロープが付けられコナラなど、自然林の中を下ると、ヒノキ林となった所が鞍部である。ここはフカタワという。

いよいよここから古光山への登りとなる。初めはヒノキ林の緩い登りだが、すぐに急登となる。後古光山のようにロープが張り巡らされてないのは、集団登山のコースではないからであろう。木の根っ子を支点にして登らざるを得ない。急坂が終わると三等三角点が目の前に現れ山頂であった。西南西に黒石山から龍門岳、音羽三山、三郎ヶ岳の双耳峰、住塚山と国見山も見える。北側は木々の間から二本ボソと倶留尊山、学能堂山、三峰山が見えるが、後古光山ほどの展望はなかった。

下りはフカタワまで戻り、ミカエリソウ、アキチョウジの咲く谷沿いの道を下り、林道古光山線に抜け駐車場に戻った。途中、ツリフネソウ、ゲンノショウコが見られた。バス利用の場合は葛バス停から東海自然歩道を利用するとよいだろう。

（97・9・20）

▼最寄バス停：三重交通・葛

▼参考タイム：国立曽爾少年自然の家駐車場（10分）おかめ池（15分）亀山峠（17分）亀山（25分）長尾峠（40分）後古光山（15分）フカタワ（25分）古光山（20分）フカタワ（1時間5分）国立曽爾少年自然の家駐車場

お亀池の大蛇

むかしお亀という女が、伊勢の国の太良村から太良路村へお嫁に来た。十八歳のみずみずしい美人であった。お亀は毎朝、家の裏にある井戸で水鏡を見て化粧した。この井戸は深く水は亀山の池から来ていた。しばらくすると、毎晩どこかへ出て行って朝になってから帰る。そして裏口に泥のついた草履がぬいであった。縁先にほしてあるぬれた草履をみて夫があやしむと、お亀が池へ子供が生まれるように水ごりをとりに行っているという。

夫婦の間に子供が生まれた。お亀は「私の用事は、すんだのでおひまを下さい」と実家へ帰った。ところが子供が夜泣きするので、そのムコさんが子供をつれて乳を飲ましに出かけた。

「お亀よ、お亀よ、」とよびながら池のあたりまで来ると、お亀はむかえに来てくれた。そして乳を子供に飲ませた。「もう明日から来て下さるな」とお亀は言った。そして実家の方へもどって行った。ところが翌晩も子供が泣いて仕方がないので、また子供をつれて池のあたりまで行った。すると、お亀が池がゆれて、池の中から嫁のお亀が姿をあらわした。「もう来るなと言ったのに、何故来るか」と忽ち大蛇の姿に化けて大口をあけておそいかかって来た。ムコさんは子供をかかえて一目散に逃げた。今もその場所を字大口という。それから大蛇は真直ぐの姿勢で追って来たので、そこを「タテホリ」と今も言っている。真直ぐになることを「タテ」とか「タツ」という方言がある。大蛇は疲れたのか休んだ。そこを字ビョクソク（弊足）という。そこで大蛇は水を飲んだ。そこを字ノミという。

命からがら逃げ帰ったムコさんは、それから重い病気にかかって死んだ。お亀池の主と言われている大蛇も野火から山火事になった時、焼け死んだという。もとこの池は太良路池といっていたが、このお亀の事件があってからお亀池というようになった。このお亀池からスリヌカをほりこむと太良橋のところへそのスリヌカが流れてくるという。この池底で深さはいくらあるか判らない。しかし水深は僅か一㍍前後のものである。

この村でお亀という名は、それからつけないようになった。また最近になって若い男がこの池の鯉を釣って帰ったところ、病気になったので、池の主のたたりだといって返しに来たことがあった。

（『活動の手引』国立曽爾少年自然の家より）

大峠より

曽爾役場前から青蓮寺川を渡ると「古光山四・一キロ」の道標が出る。少し登り振り返ると鎧岳から兜岳、屏風岩が見えてくる。大峠はCa七三〇㍍、麓はCa四一〇㍍だから約三二〇㍍の登りである。車道をどんどん歩いていくと大峠に着く。峠にはふきあげ斎場があり、「至古光山、後古光山、亀山」と道標がある。門の左の踏み跡を登ってもよいが、斎場の裏に回るとこちらの方がはっきりした道だ（どらから登っても合流する）。しょっぱなから急登で、ササを摑み灌木を摑みながらの登りとなる。稜線近くではちょっとした岩場の登りもある。・九六〇㍍峰（五峰）は岩のピークで振り返ると高見山から三峰山への稜線が望める。

次のピークは岩場（四峰）で少し緊張する。いったん下って登り返すと樹林の三峰、そして次の小さなコブが二峰。左へ周り込むようにして進むと東北面が明るくなり、フカタワからの道と合流すると、古光山の山頂であった。

下りは北西の尾根に道が付いていたので降りてみた。少し下ると尾根の右下に一メートル幅の古い作業道が上ってきていた。これをたどってみると道が北へ下り出したので途中で西への作業道を見つけた。その作業道は、やがてキャタビラの跡がはっきりと残る作業道と合流し、どんどん下ると林道山田線と出合う。次の林道出合で左の道を取ると出口の集落に抜け、青蓮寺川を渡ると曽爾役場前に着く。（97・10・26）

▼最寄バス停：三重交通、奈良交通・曽爾役場前

▼参考タイム：曽爾役場前バス停（1時間15分）大峠（35分）九六〇メートル峰（5分）四峰（5分）三峰（5分）二峰（3分）古光山（15分）キャタピラの跡がある作業道と合流（15分）林道山田線に出合う（30分）曽爾役場前バス停

大洞山《おおぼら》（雄岳一〇一三メートル、雌岳九八五・一メートル）と尼ケ岳《あまがだけ》（伊賀富士）（九五七・七メートル）

地形図　二万五千分の一「倶留尊山」

牛峠（神末峠）を越え、しばらくすると前方にドームが二つ並んだたおやかな大洞山が現れる。杉並より三多気《みたけ》の桜並木の道に入る。ここの桜は国指定文化財（名勝）で、二千本余りの桜の古木

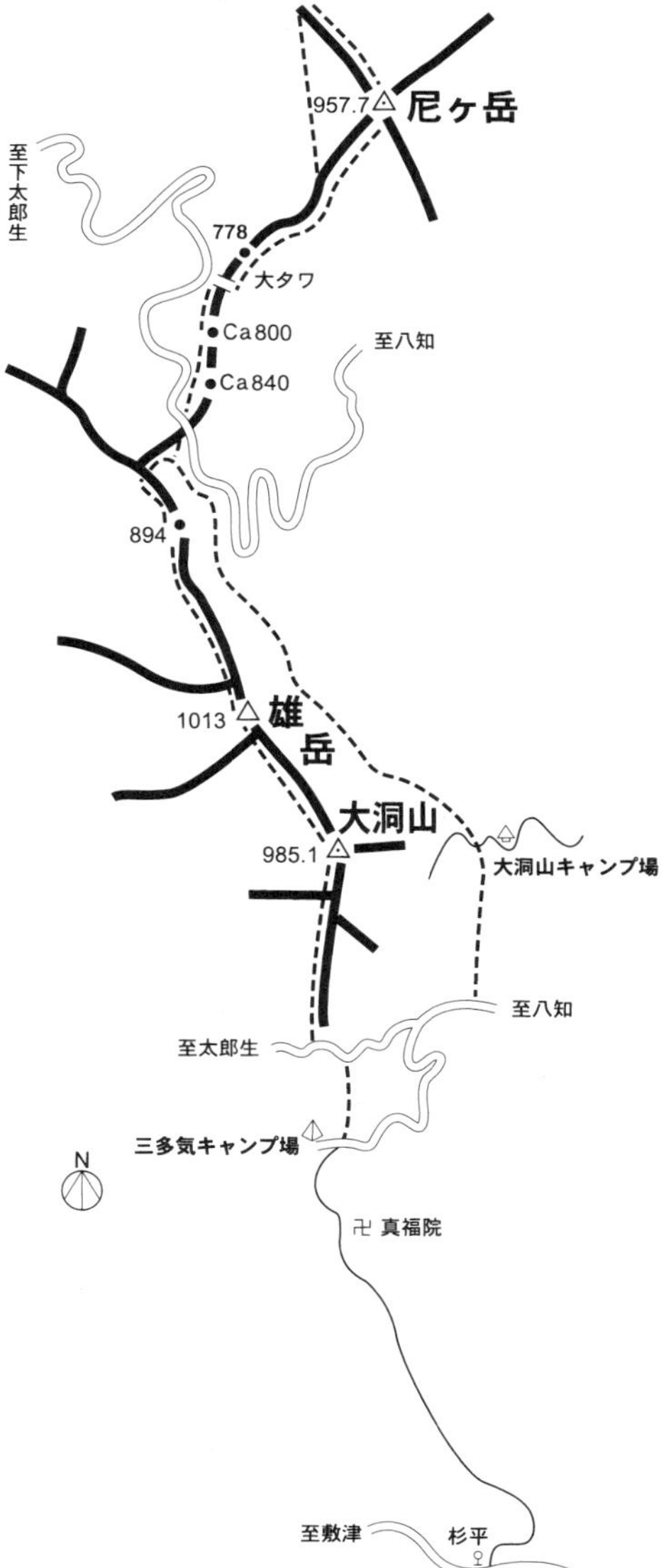

は、伊勢の国司北畠顕能《あきよし》公が植えたと言われている。

見事な桜並木の道を登りつめて、三多気桜名所駐車場に愛車を置き、北へ一直線に延びている舗装路の参道を歩いていくと真福院（北畠氏の祈願所で古くから栄えた）。真福院左横の急坂を登り、溜池を過ぎると三多気キャンプ場（七月一日から九月三〇日まで）に着く。ここから大洞山への整備された遊歩道を歩く。林道八知太郎生線に抜けて少し左に行くと「大洞山へ〇・八キロ」と案内の

ある登山口。ここからは人工林の中に付けられた階段の登りが待っていた。直登である。足元にはウドが見られ、ところどころ自然林が現れ、ギボシなどが見られたりするが、ほとんどがスギ、ヒノキの人工林で面白味のない登りだが山頂の眺めはすばらしく、三六〇度の展望が待っている。

　東から南にかけて白猪山から尖った局ヶ岳、栗ノ木山、修験業山、三峰山は大洞山の手前の林で隠れているが、その横に高見山、古光山、屏風岩、住塚山、国見山、倶留尊山、北には尼ヶ岳、大洞山の雄岳、経ヶ峰、北東に矢頭山、堀坂山まで見渡せる。山頂の展望を楽しんで雄岳へと向かう。少し下ると雌岳と雄岳とのコルに着く。曽爾側はササの海が広がり、緩い登りで雄岳に至る。冨士浅間と刻まれた古い石柱が建っている。雄岳は雌岳より標高が高いわりには、展望はよくない。

　山頂には、ヤマツツジ、レンゲツツジ、ミツバツツジ、ツクバネウツギが咲きみだれ、高見山、古光山、倶留尊山を眺めた後、若葉の灌木帯のトンネルを下り出した。左下に林道尼ヶ岳大洞山線が近づいてきて、それと並行しながら八九四㍍峰を越える。展

大洞山・尼ヶ岳

『日本名山図会』（谷文晁著）の天岳は尼ヶ岳のようだ

望岩を過ぎると、急な下りとなり、石畳の道・東海自然歩道と出合う。東海自然歩道は大洞山の東側（美杉村側）の中腹を巻いている。この合流地点から五分ほどで倉骨峠に着く。林道がこの峠を越えている。峠の西側の広場には車が数台止まっているので、ここから尼ヶ岳、大洞山へ登る人も多いようだ。「大洞山雌岳へはここから一・六キロ」と案内板があって健脚向コースとしてある。また、「尼ヶ岳一・七キロ」という案内も出ている。

倉骨峠からはCa八四〇㍍峰の西側を巻くような道を歩く。下には林道が見えている。Ca八〇〇㍍峰に登り、階段を下って大タワ、七七八㍍の北の台地にはヒノキ林の下にホウチャクソウが群生していた。それを過ぎると緩い擬木の階段から急な階段登りとなり、登り終えると左へ巻く道と直登の道とに分かれた。

左へ巻く道は北西尾根から山頂に向かって階段登りがある。階段登りを避けて直登の方を選ぶ。ササと低木帯の中の急登ではあるが、階段登りより足は疲れない。振り返ると大洞山の東の中腹にある大洞山キャンプ場の矩形の広場が見える。グイグイと登ると尼ヶ岳の山頂に飛び出た。山頂は広く香酔山、貝ヶ平、鳥見山、三郎ヶ岳、国見山、住塚山、倶留尊山、古光山が望め、どこかの子供会であろうか。子供達が元気に走り回っている。倉骨峠に車を止めて登ってきた人達らしい。

下りは、北西尾根のチゴユリが咲く階段を下る。階段を下りきると、そのまま富士見峠へ下る道と、桜峠へ続く山腹をトラバース道との十字路で、左へ行く。緑のトラバース道で先ほどの直登の分岐点に戻った。後は登ってきた道を大タワ、倉骨峠に戻り、東海自然歩道をたどることにした。

自然林のトンネルに石畳の道が延びている。昔の人はよい道を造ったものだと感心しながら歩く。

途中このコースで唯一の水場があった。ここで休憩し、大洞山キャンプ場の分岐点へと向かう。トラバース道は続き、やがてシャクナゲが出てくると舗装された車道が上がってきていて、大洞山キャンプ場への分岐点に出る。車道はまだ左上へと延びていて、「雌岳〇・八キロ」と道標があるので、ここからも大洞山へ登れるらしい。そういえば雌岳の少し北に東へ下る道があったから、それはここに下って来るのだ。ここからはヒノキ林の道となり、やがて下りとなり、林道八知太郎生線と出合う。次の左へ下る三多気キャンプ場への林道を歩き、真福院に立ち寄ってお参りを済まし、三多気桜名所駐車場に戻った。

（97・5・18）

▼最寄バス停：三重交通・杉平

▼参考タイム：三多気桜名所駐車場（15分）真福院（20分）林道八知太郎生線（30分）大洞山・雌岳（20分）大洞山・雄岳（35分）倉骨峠（45分）尼ヶ岳（40分）倉骨峠より東海自然歩道に入る（20分）水場（25分）大洞山キャンプ場への分岐点（20分）林道八知太郎生線（15分）三多気キャンプ場（15分）三多気桜名所駐車場

ここで遠望する室生火山群の山々は力強い独立峰的な山容です。そして、その裾野も火山地形らしい広々としたスロープの草原を形成しています。しかし、鐘状の尼ケ岳（別名伊賀富士）はその名の示すように、富士山の型をしていますが、これは地質学上火山の原形（トロイデ火山）ではなく、長い年月の間に風雨によって浸蝕され開折されて形成した第二次的な形として富士山に似るようになったと考えられます。（東海自然歩道の案内版）

学能堂《がくのどう》山（一〇二一・六メートル）

地形図 二万五千分の一「菅野」「倶留尊山」

学能堂山とは珍しい山名である。その由来については、「御杖村の地図には『学能堂山』と書かれているが、一般には『楽能堂山』と雅字を当てている場合も見られる。かつて山頂付近に文殊菩薩をまつり、知恵をさずかろうとする人々の信仰を集めていたらしく、こんなところに山名の由来があるのだろうと想像する。」（『大和青垣の山々』奈良山岳会編）とあり、また、エアリアマップ『赤目・倶留尊高原』（調査執筆・高田榮久）では、「土地の人々は『ガクノドウ』と呼んで、普通ヤマを付けない。美杉側では『大《だい》の洞《どう》（大洞山）』に対する『岳《がく》の洞《どう》』（小字地名）だとし、御

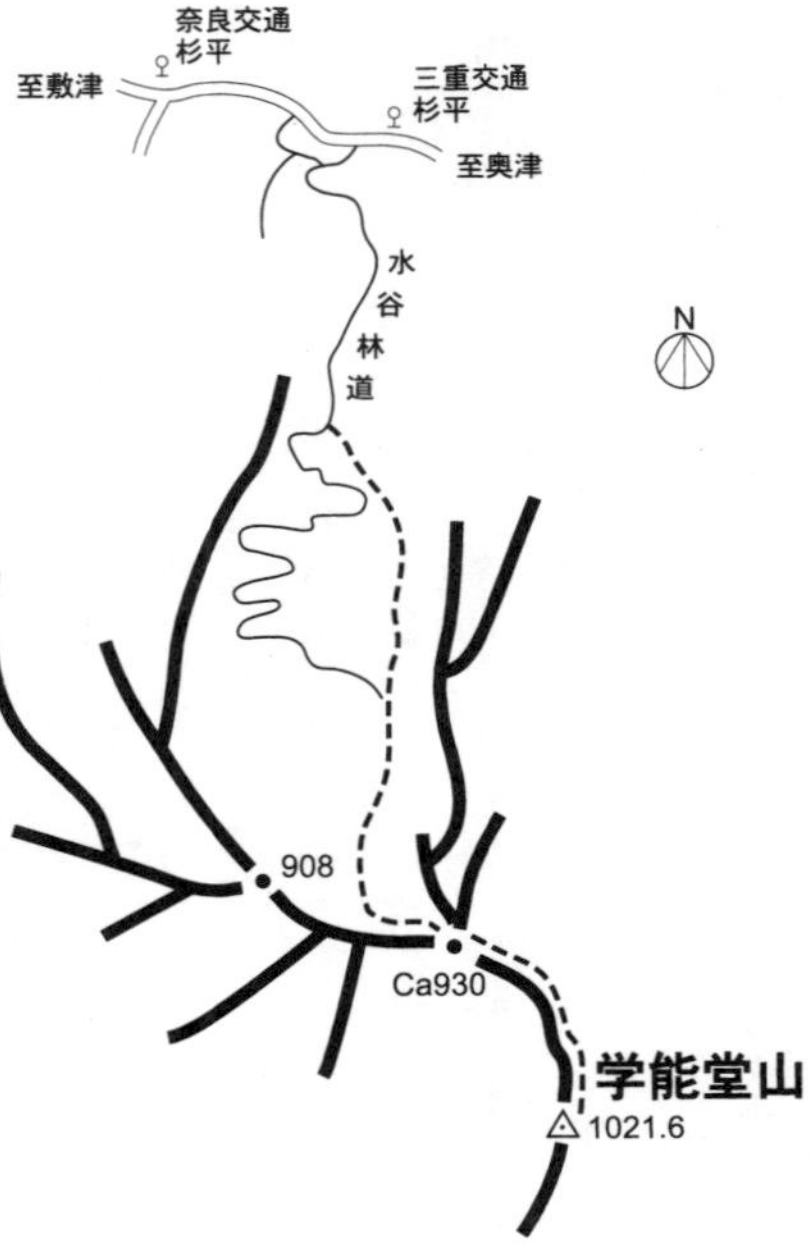

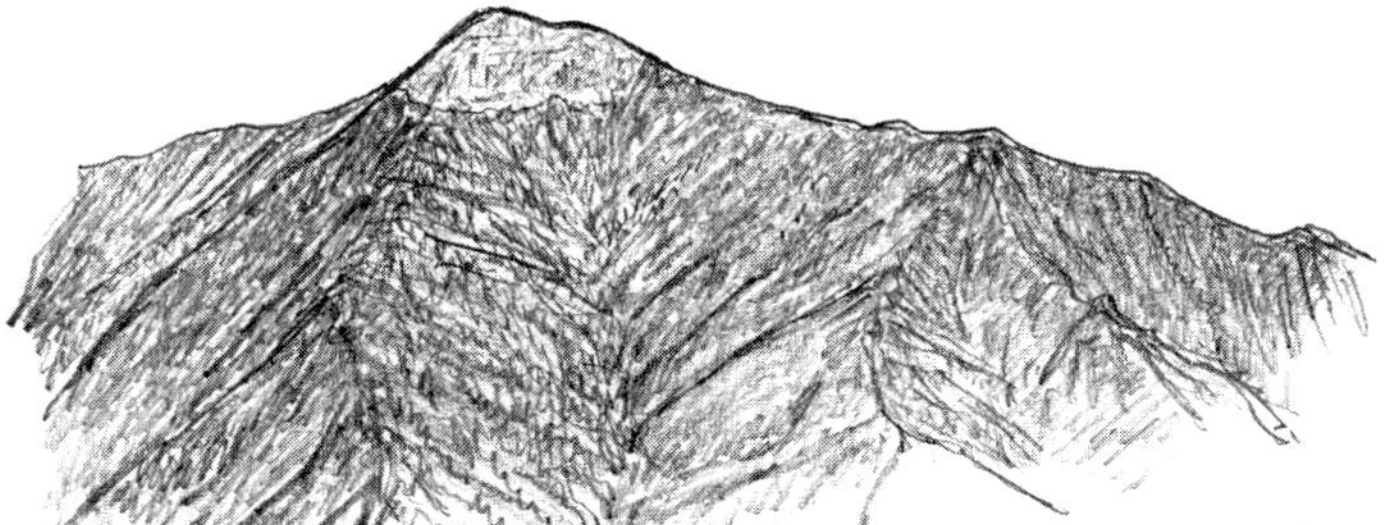

学能堂山（修験業山より）

杖側では、『学の堂』『学能堂』『楽能堂』『嶽の頭』などとあてている。」と説明されている。

この山のアプローチは、バスの便が悪いのでマイカー登山となった。奈良交通の杉平バス停を過ぎると「ここから三重県です」と標識が出る。杉平集落で右へ入り、すぐに左への水谷林道に入る。寺谷川に少し沿ってから左へ回り込むと水谷の左岸沿いになる。堰堤を過ぎて、谷が少し狭まる地点の空地に車を止める。振り返ると三《み》多気《たけ》の集落が大洞山の中腹に点在している。ツリフネソウが咲く水谷林道を登りだすと、沢の出合いから左に入る山道があるが、これは作業道である。次の左へ入る道が登山道で、「学能堂山へ」と書かれた木札が枝にくくりつけられているので分かりやすい。

一㍍幅の道をしばらく登るが、左の沢を渡ると山道となり、ミズヒキが足元に見られる。スギ林の支尾根を登る。また左の小さな沢を渡り、右へ少し進むとスギ林が切れ、コウヤボウキやアキチョウジなどが足元に咲く草の生い茂った地点に出た。右から踏み跡が来ていて水谷林道の終点のようだ。

ここからまたスギ林の暗い登りとなり右の沢を渡ると、その沢

（伏流）の左岸沿いに急な登りが始まった。スギの幹に掴まりながらの直登を終えると、緩い台地状の所に出た。すぐ上に稜線が見えほっとする。稜線はスギ林の切り通しの緩い登りでCa九三〇㍍のピークに着く。学能堂山手前の鞍部まで来ると右下からの細い山道が上ってきている。雨谷林道からの山道のようだ。ここからヒノキ林の登りとなり、右側は金網が続く若いヒノキ林、ササを掻き分ける登りから左のヒノキ林に回り込んで、ススキの山頂に抜けた。

二等三角点があって、北は大洞山、尼ヶ岳、倶留尊山、古光山、南は局ヶ峰から栗ノ木山、修験業山、三峰山、高見山が望めるはずだが、今日は曇り空で展望はゼロであった。昼食を済ませ、水谷林道の終点まで戻り、その水谷林道を下った。（97・9・14）

▼最寄バス停：奈良交通・杉平

▼参考タイム：水谷林道登山口（1時間15分）稜線（25分）学能堂山（50分）林道終点（25分）水谷林道登山口

三峰山《みうね》（三畝山）（一二三五・四㍍）

地形図　二万五千分の一「菅野」

日本三百名山の一つである三峰山は、美しい霧氷が見られる山として有名である。冬季の土、日、祝日には、榛原から臨時バス「霧氷号」が運行される。また、旅行社の三峰山霧氷ツアーも行われている。

神末《こうづえ》から神末川を遡り、奥宇陀青少年旅行村手前のオオタイ谷出合いの橋の手前の広場に車を置かせてもらう。「三峰山・不動滝」への道標に従い、オオタイ谷の林道（舗装路）の左岸を行く。山桜がまだ咲いている。五、六分歩くと木橋があって「三峰山、山上これより三六〇〇㍍」と道標。

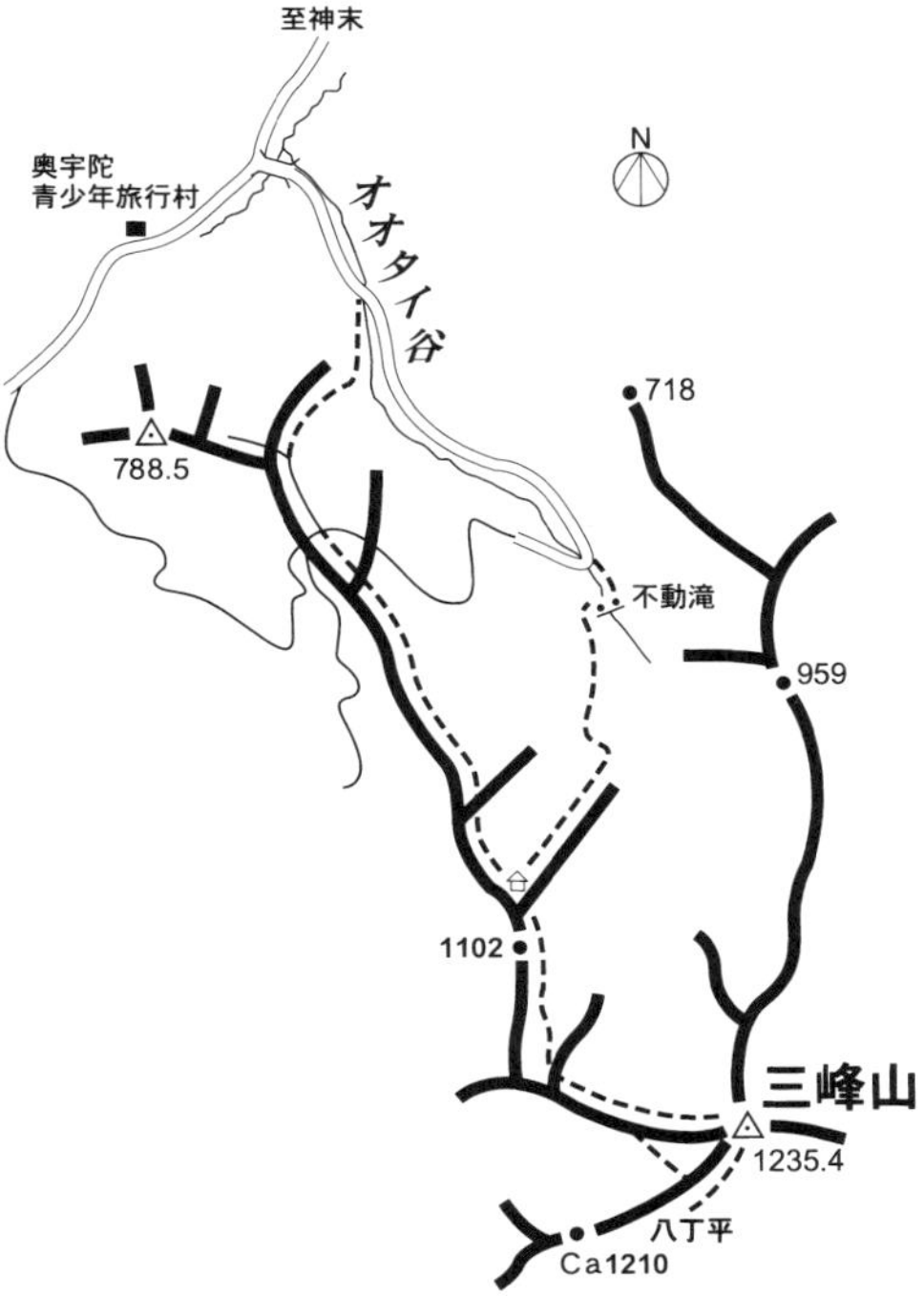

ここが登り尾コースの登山口である。橋を渡ると山道はスギ林の中、ウネウネと続き、足元にはショウジョウバカマが咲いている。左へ回り込んで支尾根上の道となると、「山上これより二九〇〇㍍」と道標があって右の支尾根から登って来た林道と合流する。二百㍍ほど山手へ進むと林道は尾根を挟んで左右に分かれた。
　その林道に挟まれた尾根に登山道は続いていた（「山上これ

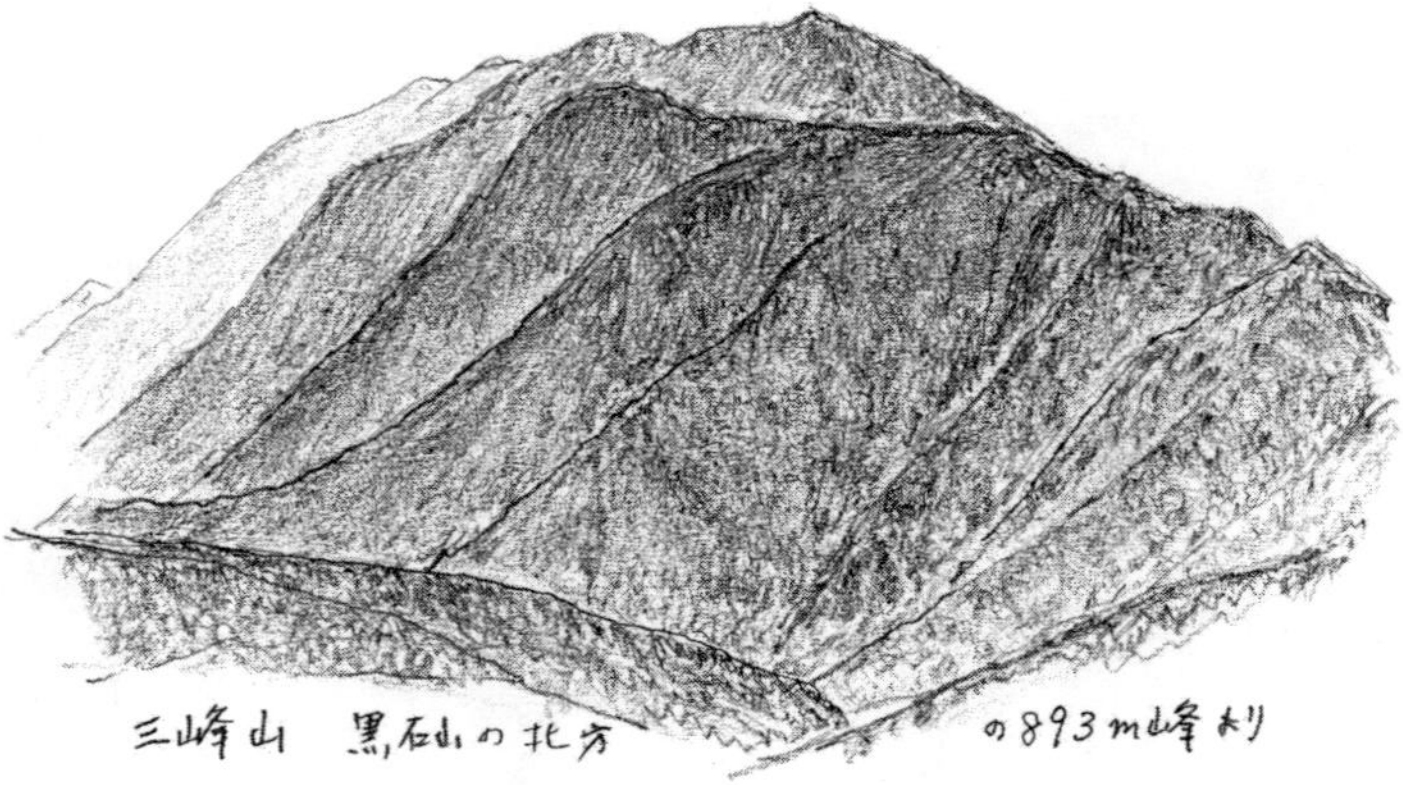

より二七〇〇㍍」と道標）。モミジイチゴが咲き、北方が開けて神末の集落が点々と続き、倶留尊山、大洞山、学能洞山が望めるようになる。スギ、ヒノキの人工林が続き、「山上これより二三〇〇㍍」の道標が出る。人工林の切れ目にある雑木林には白いタムシバや薄紫色のツツジが咲いていた。木の階段には霧氷の季節に登られたと見られるアイゼンの爪跡が残っていた。一〇〇〇㍍位まで登るとエンレイソウが見られるようになり、白髪峠に続く滑らかな三峰山脈の稜線が延びている。「山上これより一六〇〇㍍」「山上これより一二〇〇㍍」と親切な道標が続き避難小屋に着く。不動滝からの道はここで合流している。ここから一五分ほどで三畝峠。リョウブ、ネジキの灌木帯になる。「工事中の為新道峠へは下山できません」という立札と「これより三〇〇㍍」と三峰山への道標がある。

東へ二、三分の地点に「左山頂・右八丁平」の道標に従い山頂へ。冬季はダイヤモンドのようにキラキラと輝く霧氷が見られる灌木のトンネルをくぐるような緩い登りで一等三角点のある山頂に着く。北面が開け大洞山、尼ケ岳から曽爾山群の倶留尊山、二本ボソ、古光山、鎧岳、兜岳、国見山、住塚山が望める。昼食後、南の八丁平へ寄ってみた。山頂からおよそ五分で着く。八丁平から台高、大峰山脈の山並みが累々と続いていて重々しい。ここでも展望を楽しんだ。

帰りは尖った高見山を左前方に見ながら三畝峠から避難小屋へ戻り、登りの折に確認しておいた不動滝への道を下った。薄暗いスギ林の道の下りが続く。こちらの道も「山上これより○○㍍」と道標が完備されている。支尾根上の下りから沢筋の下りとなりトラバースして次の支尾根に出た。

この下りで大洞山と倶留尊山が顔を見せてくれた。不動谷が見えてくるとシカ避けの金網が張り巡らされ、その扉を二度もくぐる。白いミヤマカタバミ、花の色がクロユリに似たハシドコロが見られ出すと不動滝であった。不動滝から五分ほどで林道（舗装路）に出た。道端には空色の可愛らしいスミレが咲いていたので、しゃがんでスケッチしていると、蹄の音がして谷からシカが上がってきて九頭も林道を横切ってスギ林へと消えて行った。

（96・4・19）

▼最寄バス停：三重交通・神末

▼参考タイム：奥宇陀青少年旅行村の手前のオオタイ谷出合の橋（5分）登り尾コースの登山口（1時間15分）避難小屋（15分）三畝峠（10分）三峰山（5分）八丁平（20分）避難小屋（40分）不動滝（30分）オオタイ谷出合の橋

黒石《くろいし》山（九一五・四㍍）

地形図 二万五千分の一「高見山」

この山に登るには、高見山の登山口から天狗山に登り、そこから北へ縦走して黒石山へ、そして西杉峠（差杉峠）から西杉川へ下るのが良いと考えた。しかし、桃俣バス停から桃俣川を遡って高見山の登山口・高角神社まで五・七キロもあり、その上、バスの便も少ないから、マイカー登山にならざるをえなかった。そのうえ下山口（五四九㍍）から登山口まで車の置いてある所まで五キロも歩かなければならない。そこで今回はマウンテンバイクを積んでいき、下山口にそれを置いて、下山後にマウンテンバイクでマイカーを取りに行くことにした。

高見山の登山口である高角神社の駐車場に車を止め、「高見山へ二時間三〇分」の道標に従う。神社左のスギ林の中に溝状に削られた登山道を一五分ほど登ると支尾根上の平坦な道に出た。西側には黒石山が見えている。緩い登りで七二四㍍のコブ付近まで来ると北面が開け、曽爾村の国見山から住塚山、兜岳、鎧岳、倶留尊山、古光山、尼ヶ岳、大洞山と個性のある山々が並び出した。

黒石山

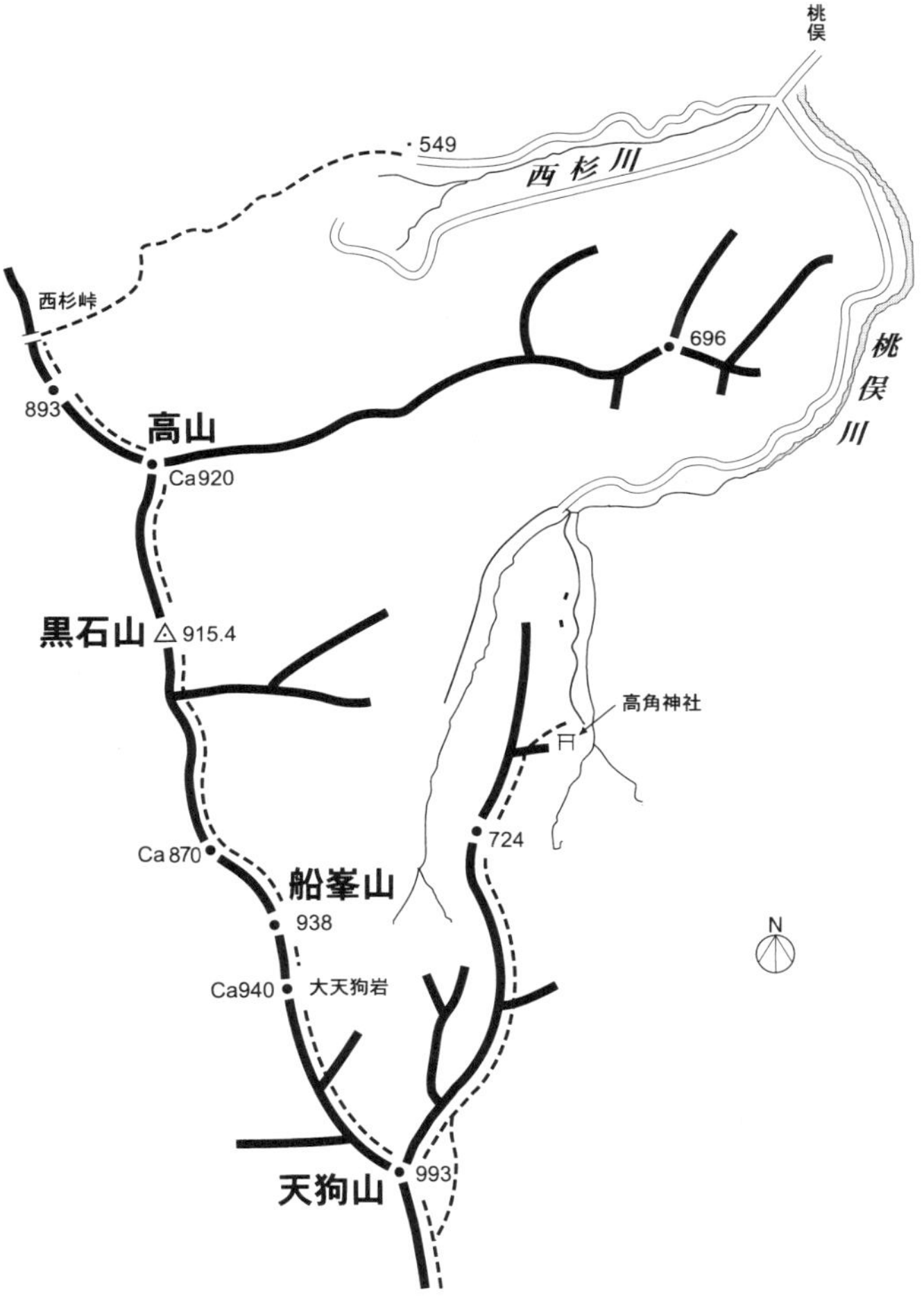
桃俣
549
西杉川
西杉峠
696
桃俣川
893
高山
Ca920
黒石山
915.4
高角神社
724
Ca 870
船峯山
938
N
Ca940
大天狗岩
天狗山
993

この辺りからシカ避けの網が続き、低木の枝が邪魔になる登りが続いて少し下ると天狗山手前の鞍部状の所に着いた。樹林を通して大天狗岩が見える。三〇㍍以上はある岩だ。ここから天狗山へ、灌木と身丈大のササの中をジグザグの急坂が始まる。それが終わるとブナ、シデが出てきて気持のよい登りとなった。高見山への巻道を見送って尾根道を登ると天狗山（九九三㍍）の山頂であった。ここは高見山と黒石山の分岐点で、アセビなどの灌木に囲まれて展望はなかった。

黒石山へ北西から北へと向かう尾根に入る。自然林を下る尾根道は気持よい。Ca九二〇㍍地点で右から杣道が上がってきていた。しばらく下ると岩が現れた。岩稜を登ると天狗岩（Ca九四〇㍍）のピークであった。ここから倶留尊山、古光山、大洞山が望める。九三八㍍峰（船峯山）を越えると道は下りとなり、Ca八七〇㍍付近で美しいヒノキ林が現れ北へと向きが変わり、黒石山がはっきりと分かるようになる。下って登り返すと黒石山の頂上である。

御杖村側はヒノキ林、曽爾村側は低木帯で南に高見山が見え

西杉峠の役の行者像

るのみであった。下る途中で真っ赤なタマゴタケを見つけ、オトギの国にいるような気持になった。左に竜門岳から音羽三山が望め、進行方向には袴ヶ岳が見えた。Ca九二〇㍍の高山を過ぎ八九三㍍峰へ登ると北から東側の展望が開け、住塚山、兜岳、鎧岳、倶留尊山、その右肩に尼ヶ岳が少し頭を出し、古光山、その右に大洞山の雌岳が顔を出していた。学能洞山から堂々とした三峰山、それに大滝山と奥船山も望めたので今回のコースで一番の展望が得られた。ここから急な下りで西杉峠（差杉峠）にたどり着くと役の行者の祠と石柱が建っていた。もう利用されてない峠道で、峠直下の道は判然としないが、沢を目指して下ると踏み跡がはっきりしてきて林道に抜けた。西杉川に沿った林道を下って五四五㍍地点に至り、マウンテンバイクを拾って登山口へマイカーを取りに向かった。（97・7・19）

▼最寄バス停：奈良交通・桃俣

▼参考タイム：登山口・高角神社（1時間10分）天狗山（30分）天狗岩（35分）黒石山（35分）八九三㍍峰（10分）西杉峠（15分）林道に出る（30分）五四五㍍地点

高見《たかみ》山（一二四八・三㍍）

地形図 二万五千分の一「高見山」

杉谷より

曽爾山群から西を眺めたとき、この山の三角形は際立っており、谷文晁の『日本名山圖會』に紹介されているほどである。しかし、深田久弥の『日本百名山』には、この山が入っていないのは残念である。私なら日本百名山に入れたい山である。

登山口は、国道一六六号線の新木津《こっ》トンネルを抜け、杉谷川沿いにある高見登山口バス停から旧道に入った所である。竹林を抜けると尾根の端にお地蔵さんがある。そこを回り込んでジグザグに登っていくと支尾根上に出る。この道は、小峠、大峠（高見峠）を越えて伊勢に向かう旧伊勢南街道（紀州街道とも言う）である。伊勢参宮への道でもあり、紀州、大和、伊勢を結ぶ塩の道、米の道、魚の道と交易の道でもあった。また江戸時代に、紀州徳川家の参勤交代に利用された道でもある。街道だっただけにはっきりした道で、石畳に整備されている所もある。

「撞木松《しゆもくまつ》」を過ぎヒノキ林の緩い道になる。古市（紀州、大和、伊勢の人々が集まり米、塩、魚、その他の市がたったと伝えられている）を過ぎると、正面左に三角の高見山が見え出す。虱とり

『日本名山図会』（谷文晁著）の高峰は高見山のことと思われる。

（終日陽当りよく峠の上り下りに一休みした所。昔、お遍路さんがむずむずする虱をさがし求めた風景が目に浮かぶ思いがする）からすぐに一等水準点（六六七・三㍍）がある。雲母曲《きららひじ》を曲がって、左斜め上へ進んでいくと広い道となり小峠（八二五㍍）に着く。高見峠から林道が来ていた。「高見峠一・七㌔、高見山頂二・七㌔」と道標がある。

小峠から急坂となり、ヒノキ林と雑木林の支尾根の急登が続くが、高見峠からの風が心地好い。乳岩《ちちいわ》（約二〇㍍沢の中にある乳房に似た岩石）まで登ると遠くに鳥見山、貝ヶ平山、香酔山、額井岳が望める。その先で平野からの道と合流する。

続いて国見岩（「神代の昔、神武天皇、熊野伊勢を経て高見山を踏破、この峻岩を天皇自らよじ登り四方展望、兄猾《えうかし》の根拠地、宇陀を眼下に見下し、又遠く男坂《おざか》女坂《めざか》墨坂《すみざか》方面の長髄彦《ながすねひこ》の敵情況視察をなし第一回の軍議評定せし処なり」）が現れ、息子岩（「左約一〇〇㍍沢の処にあり、此処より小石を投げて、この岩に命中すれば男子授かる」）、そして揺岩（「多武峰、大職冠、藤原鎌足公と三度唱えれば揺るぎだしたと伝ふ」）と、次々に岩が現れる。アキチョウジ、ホトトギスが足元に見られ、笛吹岩（「高見山の開祖聖人が月夜にこの岩頭で笛を吹けば両谷より雄雌の大蛇が駆け上がり、音を陶然と聞き入ったと伝ふ」）まで来ると山頂は目前である。

　山頂の避難小屋が現れ、その屋上が展望台になっている。山頂には高角神社の祠（「神武天皇の大和新入の案内をした八咫烏加茂角身命を奉る」）と二等三角点がある。

　「石上大臣　吾妹子　去来見の山を高みかも　大和の見えぬ国遠みかも」と刻まれた石柱も建つ。「蘇我入鹿を高見山の山頂に祭ったという伝説もある。入鹿が鎌足に殺されるとき、鎌足よりも高い所に祭ってほしいとの遺言により、多武峰より高いこの地に祭ったと言う。」（『大和青垣の山々』奈良山岳会編）のような伝説もある。あいにく雲に覆われて展望はなかったが、三角点横の展望図には額井岳、住塚山、国見山、屏風岩、兜岳、鎧岳、古光山、倶留尊山、大洞山、三峰山が刻まれ、展望台の案内図にも明神岳、水無山、国見山、仏生岳、大普賢岳、山上ヶ岳、大天井岳が刻まれていた。

　帰りは高見峠へと下った。ジグザクの急な下りで、カエデの林、足元はヤマホトトギスが咲く。中腹にある休憩広場（ベンチがある）からは、伊勢側、大和側の展望が良い。エゴノキがある灌木

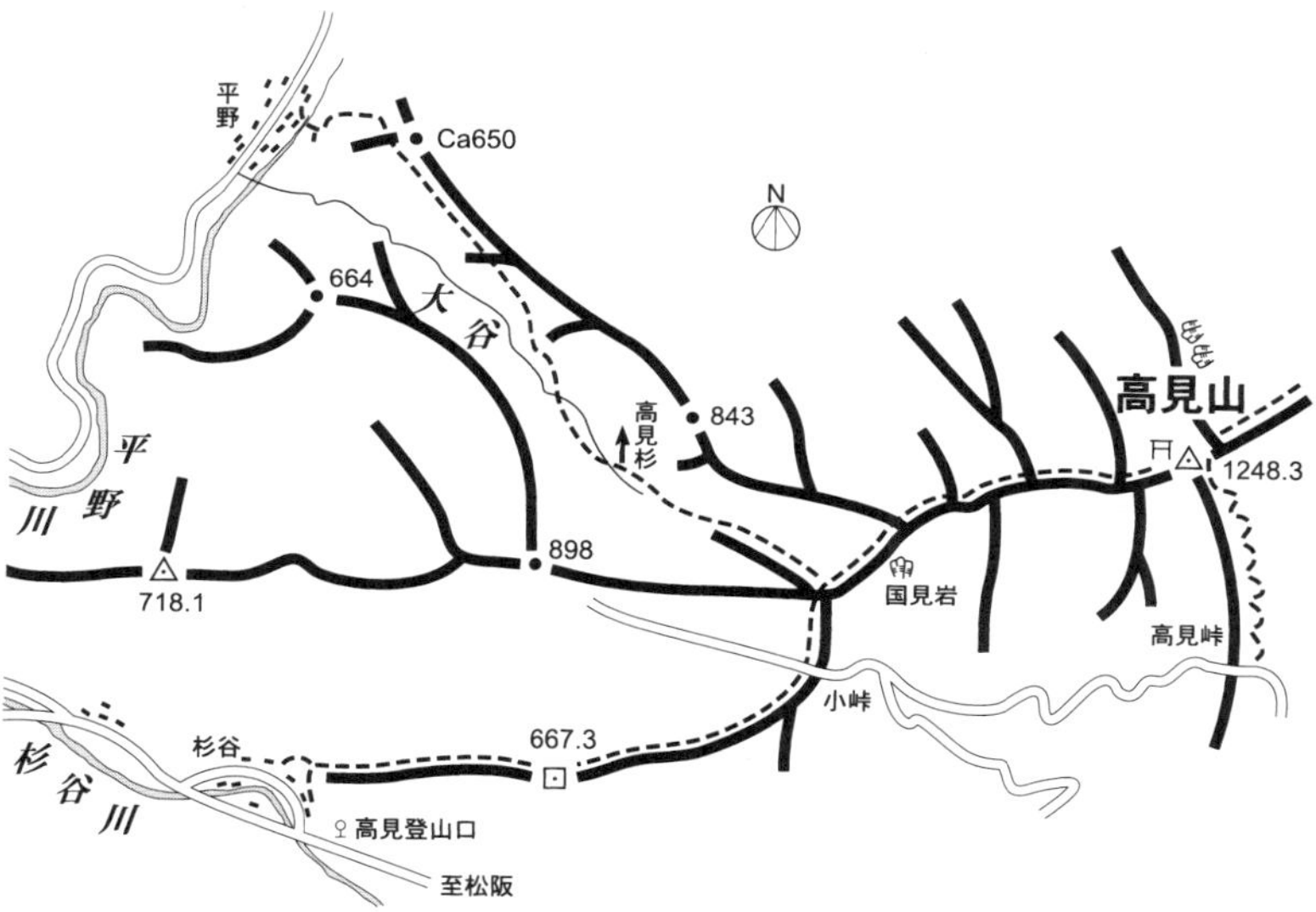

帯を抜けると景勝塔と刻まれた石塔があって、すぐ下が広い駐車場のある高見峠（八九四㍍）であった。大和側は雲ヶ瀬山から伊勢辻山へ続くゆったりとした稜線が望める。このコースが高見山への最短距離のため、ここまで車を乗りつけて登る人が多いようだ。

　車道を大和側へ下ると、盗人堂（約三〇〇㍍上の岩石に山賊が住居したと言う洞窟、この中は畳四畳ほどの広さである）の案内板が出るが、ここからはよく見えない。左へ下る車道を見送り地道を二〇〇㍍ほど歩くと小峠に着く。

　この峠からは登ってきた道を下った。一等水準点を過ぎると前方に経ヶ塚山、熊ヶ岳と龍門岳が望めた。なお、高見山は旧く高角山と称していたと言われている。

（97・8・16）

▼最寄バス停：奈良交通・高見登山口
▼参考タイム：高見登山口バス停（1時間5分）小峠（35分）平野から登山道と合流（1時間）高見山（35分）高見峠（25分）小峠（50分）高見登山口バス停

平野より

奈良交通下平野バス停から平野川に架かる丹ノ浦橋を渡ると電柱に「高見山」と道標がある。それに従い平野川沿いの山道に入る。すぐ右に曲がると小さな谷沿いの山道となる。堰堤の所で対岸に渡り、左上へ巻くようにして進むと、次の堰堤と出合うが、さらに左上に登る。山道は雨水で抉られ登りづらいが、登るに従って良い道となる。

八四三㍍から北西に延びて来ている尾根の末端のコブ（Ca六五〇㍍）の右側を巻いて尾根上に出る。東側に黒石山から尖った大天狗岩へ続く稜線が見える。登山道は尾根の右側を巻くようになり、それが下り出した。二万五千分の一「高見山」では八四三㍍から北西に延びて来ている尾根上に破線路が書いてあるので、てっきりこの尾根上に登山道が付いていると思っていたので、少し戻って地図上の道を探したがない。やはりこの道が正しいのだと納得してそのまま進み、右側の大谷に下って対岸へ渡った。

左岸沿いに山道が続き、次の橋で右岸に渡ると樹齢約七百年と言われている大杉・高見杉が立っていた。

幾星霜　古りて床しき　高見杉　夢千年の　昔を語る

詠歌　辻　善右ヱ門

と石碑があり、その横にブロック壁の休憩小屋がある。

緩い人工林の中を登りつめると、左右の尾根に挟まれた支尾根の登りとなった。ヒノキの幼木と低木帯で左右の尾根がよく見える。右の尾根が近づいて来ると杉谷からのルートと合流し、左へたどると国見岩となる。その岩からは北西から南側がよく望める。急坂が終わると向きは東向きとなり、緩い登りで息子岩、続いて揺岩を過ぎると、また急な登りとなる。それが終わると稜線右側の水平の道に入る。笛吹岩では国見山から薊岳への展望で一息入れて、後は一気の登りで高見山の頂に着いた。

北は国見山から住塚山、兜岳、鎧岳、倶留尊山、山頂がゴツゴツとした古光山、少し霞んではいるが尼ヶ岳と大洞山、学能堂山、東には三峰山が独立峰に見える。南から西にはナメラ山から岩屋ロ山、明神岳、水無山、国見山が一塊になり、ごぼっと盛り上がって薊岳、それから少し離れて仏生岳、大普賢岳、山上ヶ岳、大天井岳と峰々が続き、西から北へは、龍門岳、音羽三山、三輪山、伊那佐山、鳥見山、貝ヶ平山、額井岳、戒場山、神野山が望めた。（97・10・19）

▼最寄バス停：奈良交通・下平野
▼参考タイム：下平野バス停（5分）丹ノ浦橋（55分）高見杉（30分）杉谷からのルートと合流（30分）高見山

桃俣《もものまた》より

奈良交通桃俣バス停より桃俣川を遡り、奥山で左の中小屋谷（高見谷）に入る。最終の民家を過ぎると地道になり、高角神社まで来るとトイレと駐車場がある。ここで車を止める。高角神社への道が高見山登山口で、神社の左から山道が付いている。

溝状になった山道は急坂で支尾根に抜けると平坦な道となる。七二四㍍を巻くと北面の展望が開け、国見山、住塚山、兜岳、鎧岳、倶留尊山の三角形と古光山、大洞山が広がっていた。その後、シカ避けの網が続き、ササや枝払いをしながらの登りになり、少し下ると天狗山手前のコルに着く。右に天狗山から黒石山へ続く尾根に大天狗岩が見える。ここから天狗山（九九三㍍）への急登が始まり、細かいジグザクの登りが終わると、しばらくして天狗山への登りを見送ってトラバース道に入る。

三分ほどでトラバースは終わり、さわやかな尾根道が続き、ススキの広がりがあり、東側の展望がよい。倶留尊山、古光山、大洞山、学能洞山、三峰山が見え、三峰山から続く台高山脈のトクマ山も確認できる。その台高山脈が近づいてカヤノ山（サイメ谷山）の頂に着く。南面が開け、三重県側の櫛田川が眼下に、また正面に台高山脈の国見山方面の山々が目に飛び込んできた。高見山の

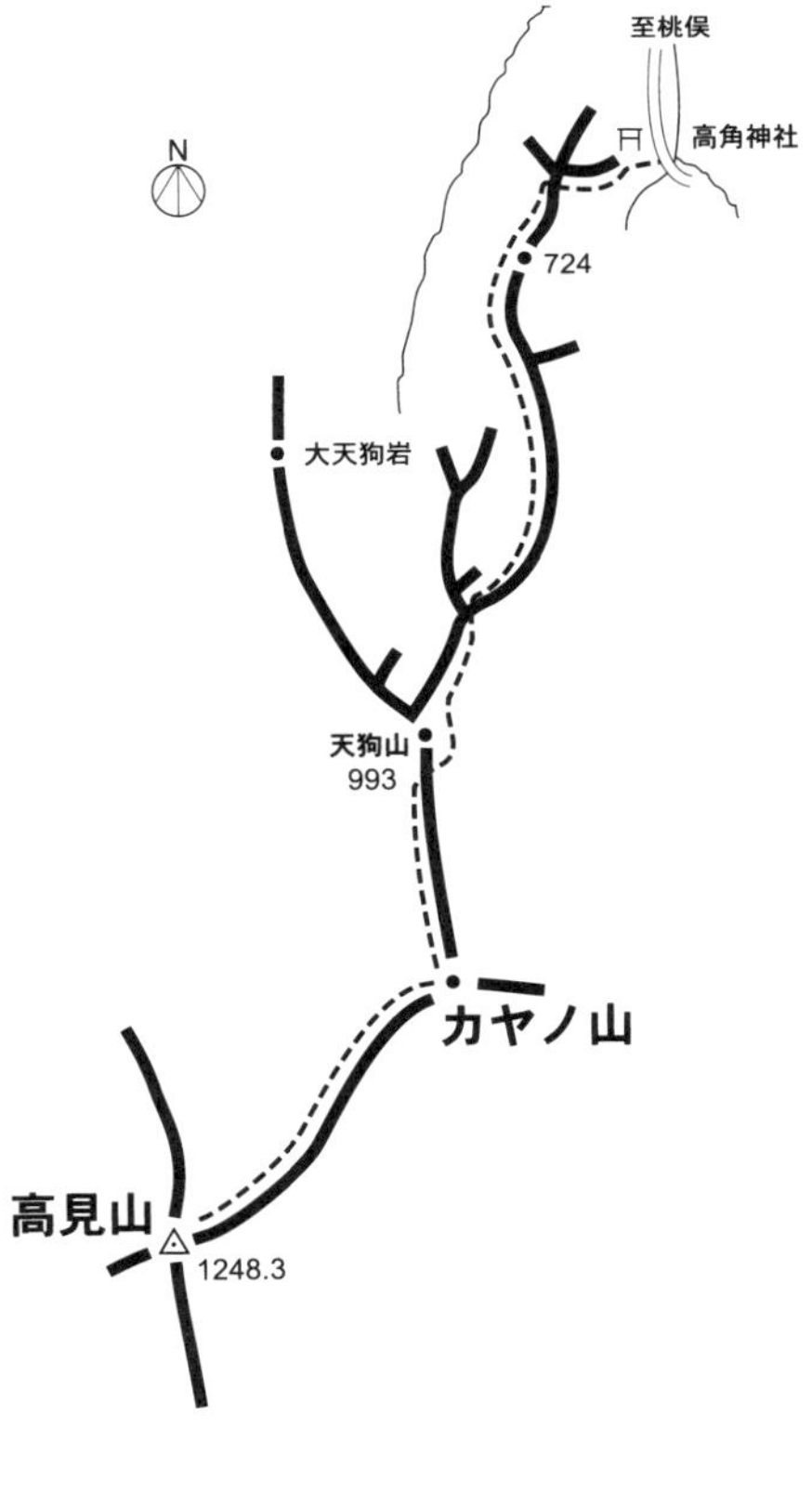

山頂の祠が進行方向に見える。ササの尾根のコブを三、四個越え高見峠（大峠）からの道と合流して山頂であった。　（97・11・2）

▼最寄バス停：奈良交通・桃俣

▼参考タイム：高角神社登山口（1時間20分）天狗山への分かれトラバース道（25分）カヤノ山（40分）高見山

白雲に峯はかくれて高見山見えぬもみちの色そゆかしき

のりなが

この歌は、江戸時代の国学者本居宣長が、寛政六年（一七九四）十月十一日（現在の十一月三日）高見山を越え、東吉野村において詠んだ歌である。文字は、宣長自筆「紀見のめぐみ」（本居宣長記念館所蔵）より採った。

本居宣長（一七三〇—一八〇一）は、父母の吉野水分神社への祈誓により、享保十五年（一七三〇）、伊勢国松阪に生まれた。家業は木綿商であったが、宣長は家業をおき、京都で医学を修め、帰郷後は、松阪で医業の傍ら、源氏物語や万葉集など古典の研究を続けた。三十四歳の時、江戸の国学者賀茂真淵が、参宮の帰途松阪に泊まった時、対面を許され、その門弟となる。（松阪の一夜）

真淵に入門した宣長は、現在最古の歴史書『古事記』の研究に専念努力し、着手より三十五年後の、六十九歳の夏、『古事記伝』四十四巻を完成した。その間、全国より訪問者、入門者は引きも切らず、六十三歳の時には、紀州徳川家より、藩へ国学を講じるため召し抱えられた。

この歌は、紀州へ初出府した時の作で、表題の、「紀見のめぐみ」は、紀州家への感謝と喜びから命名された。この年宣長六十五歳、高見の道は険しいが、宣長には、自分の生を授けてくれた吉野水分神社への道であり、また、生涯をかけた国学を紀州家に普及する喜びに満ちた旅であった。

この歌には、秋の和歌山街道を旅する宣長の、様々な感懐が宿されているようにも思える。

（高見峠の案内板より）

山頂には高角神社がある。

第4章　南部

初瀬・飛鳥

音羽三山　音羽山《おとわ(おとば)》（八五一・七㍍）・経ヶ塚山《きょうがつか》（八八九㍍）・熊ヶ岳《くま》（Ca九〇〇㍍）

地形図　二万五千分の一「古市場」「畝傍山」

　奈良交通の下居《おりい》バス停から上手に向かって歩いていくと、寺川に架かる橋と出合う。この橋を渡り、「音羽山観音寺へ・これより一七丁」の道標に従う。車一台が通れる舗装路が山に向かって延びている。急坂で息が弾む。東へ大きくカーブしてスギ林になると日陰となり涼しい。やがて南音羽の集落を抜けると道は二つに分かれる。右の道は車道で「百市《ものいち》一・二㌔」という道標。左に入る道は車止めが置かれ、「音羽山観音寺へ・これより一〇丁」とある。左の道に入るとコンクリート道の急坂から地道となった。「車止めから四丁、あと六丁」と道標が出て無常橋を過ぎ地形図の五三六㍍地点から石段を登ると音羽山観音寺として親しまれている善法寺に着いた。

　正面に本堂、左に鐘楼、右に県指定天然記念物「お葉つきいちょう」（目通り四・八㍍、高さ二五㍍）の巨木が立つ。善法寺の右側に音羽山へのルートがある。ヤブミョウガ、ヤマホトトギス、ツリフネソウ、ミズヒキが足元に咲き、道は北東へ延びる沢通しに付いている。スギからヒノキ林に続く涼しい登りから、最後は左へ巻くようにして稜線に抜け出る。緩い登りの稜線を南に一五分ほどたどると、ヒノキとササの音羽山の山頂である。

　三角点があり、展望は残念ながらない。ここから経ヶ塚山・熊ヶ岳への縦走が始まる。稜線を南へいったん下ってからまた登り返す。振り返ると樹間から音羽山が低くなっていくのが分かる。経ヶ塚山は音羽山より三七㍍高い。ヒノキ林から自然林に変わる地点に「大宇陀へ」という道標がある。ここを過ぎると石塔のある経ヶ塚山の山頂であった。こちらの頂上の方が音羽山より落ち着く。ここは多武峰の鬼門にあたるために経文を埋めたと伝えられており、山名もこれに由来しているようだ。

さらに熊ヶ岳へと向かう。歩き出すとすぐにヒノキ林に変わった。経ヶ塚山の山頂部分だけが自然林になっていたのは、経ヶ塚に対しての宗教的畏敬の念から山頂部分を人工林にしなかったのであろう。灌木の枝や幹を支えに

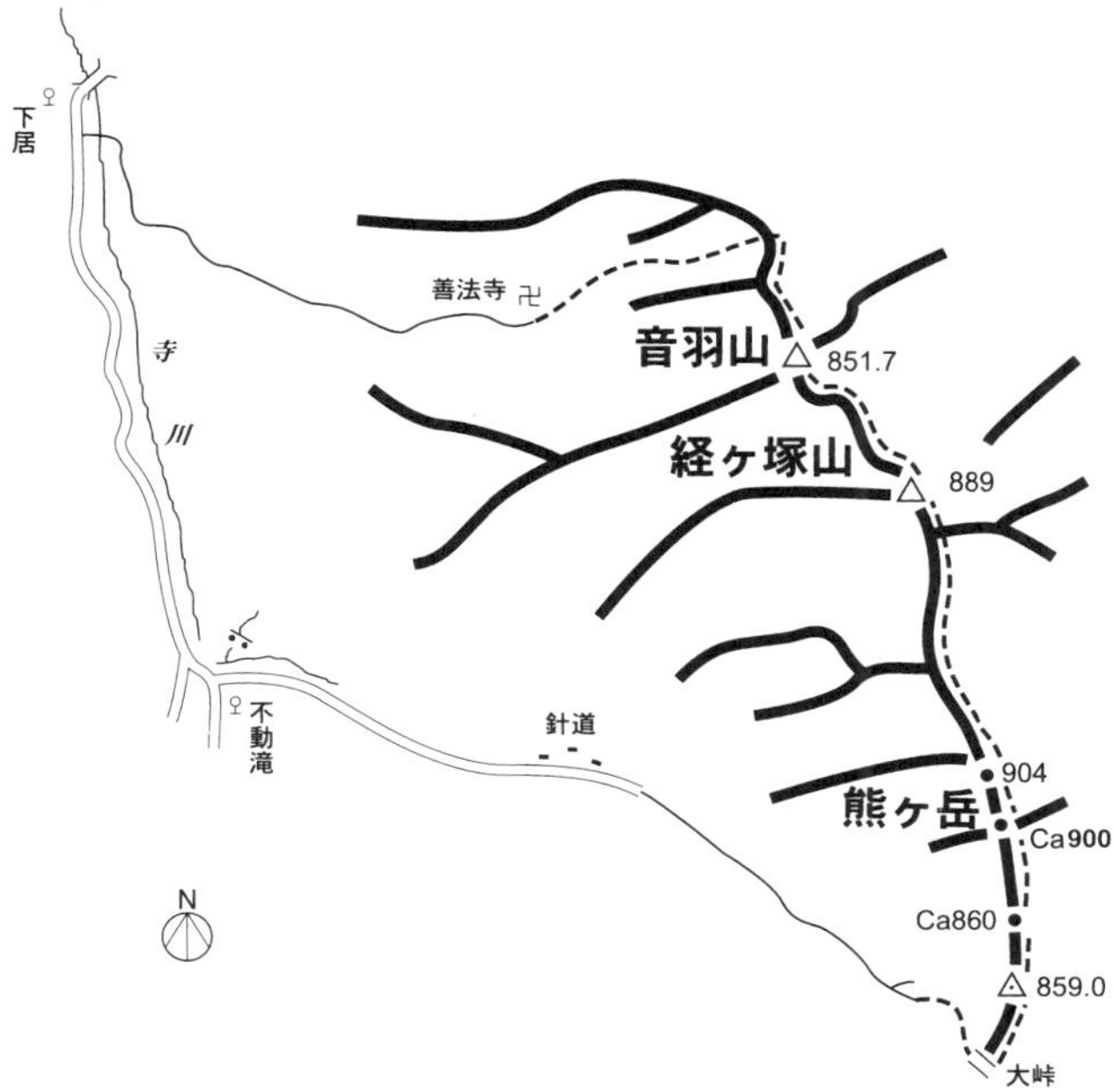

しながら、急坂を下る。この縦走路はヒノキ林が続くので展望はない。しかし、それがかえって陽を遮ってくれるから涼しい。最低鞍部から登り返しが始まる。きつい登り、緩い登りを繰り返しながら登っていくと熊ヶ岳の山頂であった。ここも展望はない。

Ca八六〇㍍を越えて次のピーク峰の頂きに近づくと左側の切り開きから三郎ヶ岳から住塚山、古光山の倶留尊高原の山々と高見山が見え出した。この縦走路で初めて見る展望であった。頂には近鉄の反射板と四等三角点（八五九・〇㍍）がある。大峠への道を少し下ると伐採の跡地で前方が開け、竜門岳が小富士のように左右になだらかな曲線を描いていた。またヒノキ林となり足元にはアキチョウジが見られるようになると「女坂傳稱地」の石柱とお地蔵さんを祀った祠のある大峠に着く。五分ほど下ると林道（舗装路）終点に出る。この道をどんどん下って針道の集落を通り不動滝バス停に抜けた。折よく一四時一一分の桜井駅行きのバスがやって来た。

（96・9・16）

最寄バス停：奈良交通・下居・不動滝

参考タイム：下居バス停（50分）善法寺（30分）稜線（15分）音羽山（25分）経ヶ塚山（30分）熊ヶ岳（25分）六五九・〇㍍峰（10分）大峠（5分）林道終点（45分）不動滝バス停

音羽山　古くには倉橋山

奈良盆地の南東の隅にひときわ高く、しかも大きく座を張る山だ。古くは倉橋山と呼ばれたらしい。

くらはしの山を高みか夜ごもりに　出でくる月のひかりとぼしき（万葉集）天平勝宝元年（七四九年）この山の中腹に音羽山善法寺が建立されたと多武峰略記は伝える。それから後に、この山を音羽山と呼ぶようになったのではなかろうか。

（『大和青垣の山々』奈良山岳会編）

御破裂山《ごはれつ》（Ca六〇〇㍍）

地形図 二万五千分の一「畝傍山」

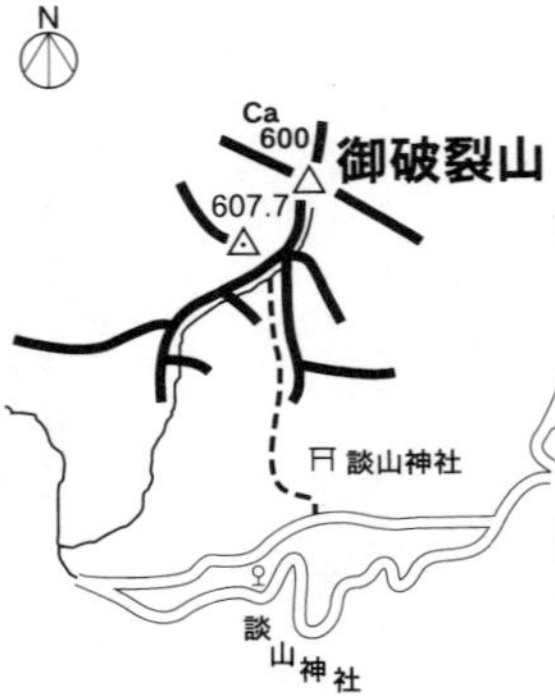

桜井の市街を抜けて談山《たんざん》神社へ向かう道に入ると、前方に山頂部分が凹んで、もこもこっとした御破裂山が正面に見え出す。終点、談山神社でバスを降りると駐車場が広がり、その彼方に音羽山、経ヶ塚山、熊ヶ岳が並んでいた。案内板に従い談山神社徒歩入口から階段を下って参道に出る。本殿への石の階段を登ると、左に十三重塔がある。この先の大きなコウヤマキがある末宮比叡神社前から枕木の階段が山手に延びていて「談《かたらい》山これより二九〇㍍徒歩約一〇分、御破裂山これより五一〇㍍徒歩約二〇分」と道標がある。

アカシデ、アカメガシワの中を歩き、尾根に出ると「右・談山これより三〇㍍、左・御破裂山これより二五〇㍍」と案内が出る。山頂への道は、東側が若いヒノキ林なので、展望が良い。音羽山、経ガ塚山、熊ヶ岳の稜線が波打っている。この尾根を登ると稜線の林道と出合う。正面に鳥居と石段が見え、こんもりとした山頂が目の前にあった。

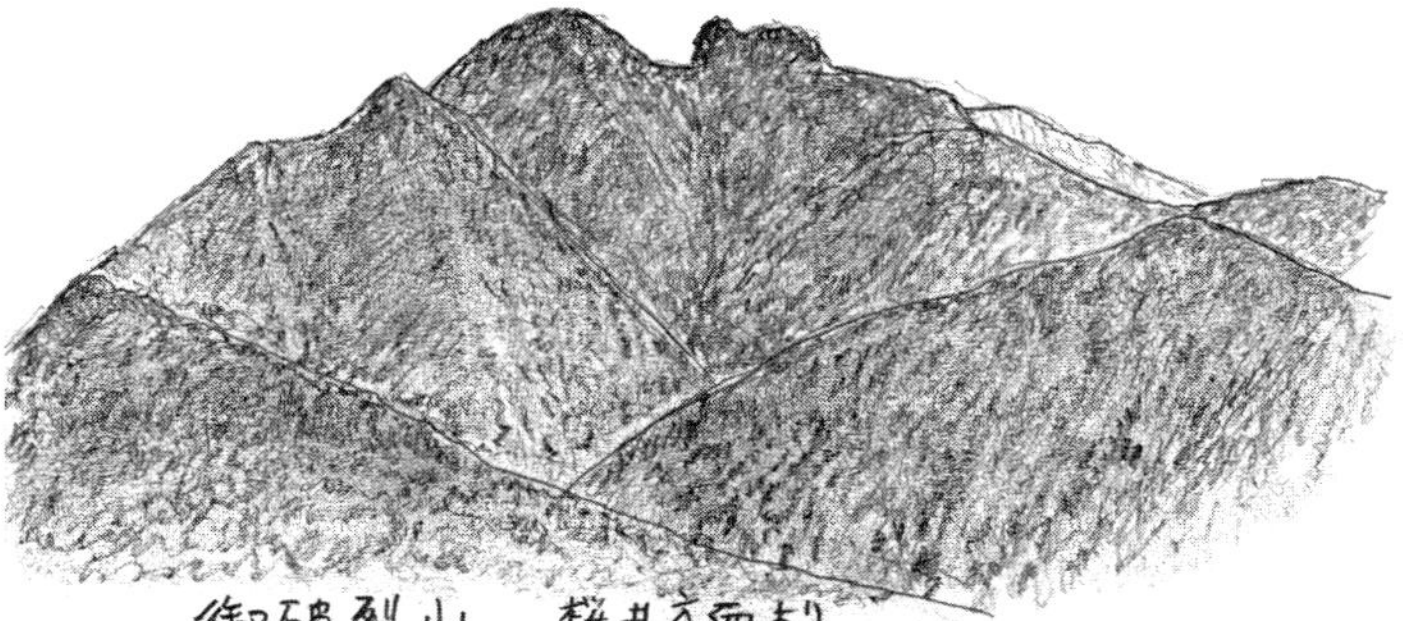

案内板には「山頂に藤原鎌足公のお墓がある。古くから国家不祥事がある時は『神山が鳴動』したと記録が多く残っています。また、この附近に自生する樹木は植物学上大変貴重な存在とされています。」とあり、付近にはウラジロガシ、アカシデ、アカガシなどが見られた。山頂の藤原鎌足公のお墓には柵が巡らされているので中には入れない。北側の展望台からは、奈良盆地が広がり、耳成山、畝傍山にその彼方には二つコブの二上山から生駒山が霞んで見える。

下りは、稜線の林道をホタルブクロ、トラノオを見ながら下り県道多武峯見瀬線（一五五号線）に抜けると前方が開け金剛山と葛城山の柔らかい線が浮かんでいた。（97・7・6）

▼最寄バス停：奈良交通・談山神社

▼参考タイム：談山神社バス停（10分）談山神社（20分）御破裂山

七五二・五メートル峰

地形図 二万五千分の一「畝傍山」「古市場」

近鉄桜井駅から談山《たんざん》神社行のバスで不動滝下車。破不動という大きい岩があり、次のような説明がされていた。

「破不動・この大石は不動明王が祭られている。石の中央から刀で切ったように両断されている。慶長十三年四月、談山が鳴動した時に破裂したものだと伝えられている。」

針道への出合い谷に不動滝はある。針道に向かう車道に入るとミカエリソウ、アキチョウジがスギ林の下に咲いていた。針道の集落まで来ると黄金色の稲穂にヒガンバナの赤。日本の秋をしみじみと感じる風景である。多武峰養鱒場入口を過ぎると谷間に入りスギ林の木陰を登るようになる。舗装の林道がまっすぐに延びているから、急坂だ。喘ぎ喘ぎ登る。五、六回左岸、右岸と谷を渡りながら高度を稼ぐとやがて林道終点で左の山道へと導かれる。左から山腹を絡むようにして抜けると大峠。女坂傳稱地と刻まれた石柱に「炭阪峠山神（明治十四年十二月）」と刻まれた自然石と地蔵さんが祀ってある。

ここから南へと続くヒノキ林の稜線を進むことになる。大峠がCa七七〇㍍で稜線はCa八二〇㍍、Ca八一〇㍍前後の標高だから、少しの登りでその稜線に出る。登り下りの少ない楽な山道である。

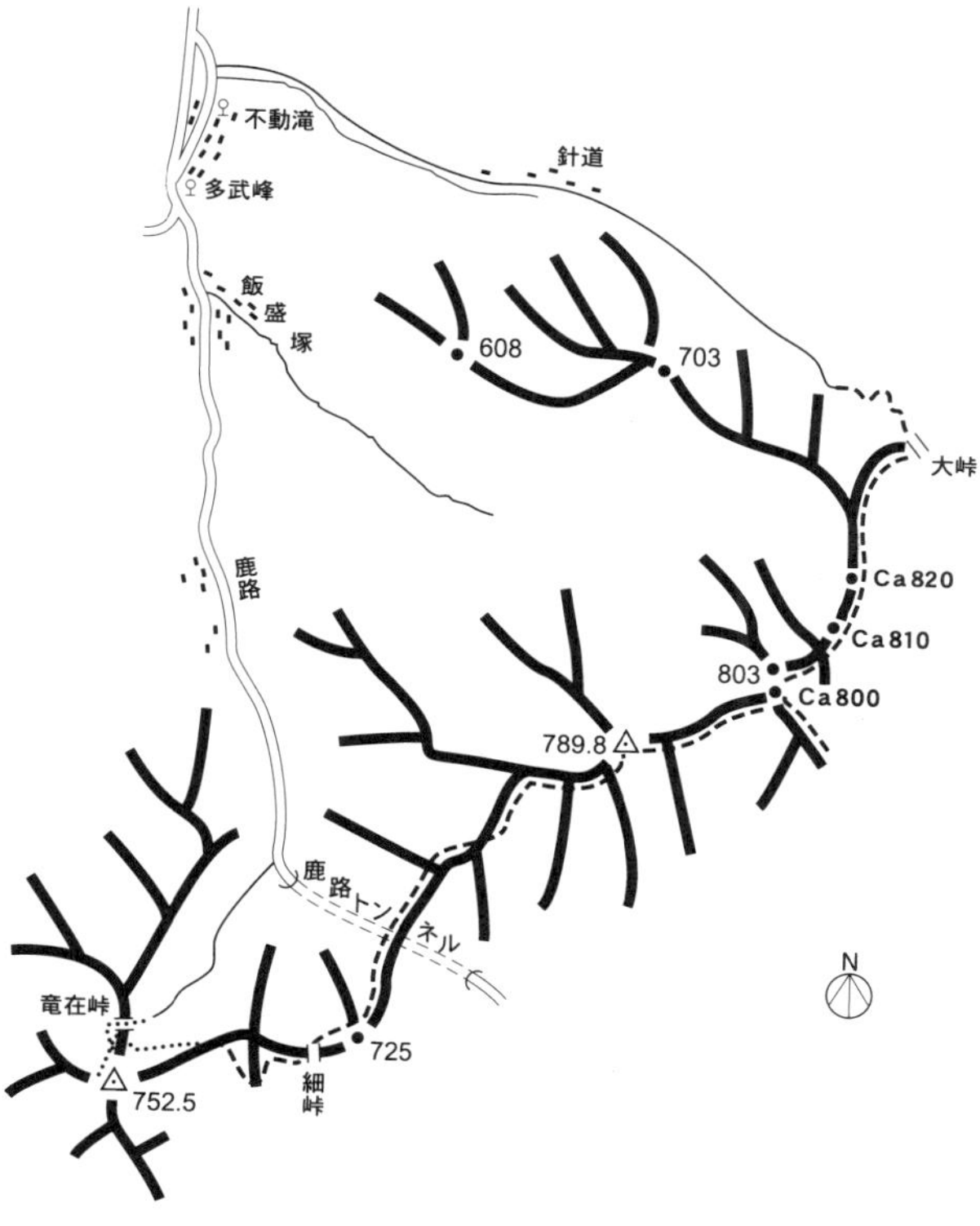

アキチョウジ、ツリフネソウ、モミジガサを見ながら進む。Ca八一〇メートルの下りからは下生えが被さったりしている所が出てくる。八〇三メートル峰を過ぎ、次のCa八〇〇メートル峰が竜在峠の分岐点で、西への町界尾根に入る。龍門岳へは、はっきりとした山道だが、こちらは下生えが被さったりしている。

細々と続く山道に四等三角点（七八九・八メートル）を確認し、鹿路トンネルの上を通過。時々そのトンネルを出入りする車の音

が聞こえる。七二五㍍峰の北側を巻くと細峠で、

「ひばりより　空にやすらう　峠かな」

と松尾芭蕉の句碑がある。吉野側はヒノキの幼木で展望が開け大峰の山上ヶ岳から大天井ヶ岳、扇形山、天狗倉山へと連なる峰々が広がり、西へ続く町界尾根の先に七五二・五㍍峰が望めた。その頂から南へと長い尾根が下っている。

西に続く尾根の下に付けられた山道は草で覆われており、Ca七一〇㍍のコブから南に下っている支尾根を跨いで町界尾根に戻り、次は北側のトラバースの道に入る。もうほとんど歩かれていないので、崩れかけている所もある。草木に覆われているトラバース道は歩きにくく、ロープが固定してある地点もある。西に向かっていたトラバース道が北向きとなり、やがて尾根に出ると竜在峠であった。「滝畑一・八キロ、細峠〇・七キロ、冬野一・九キロ、鹿路一・八キロ」と道標はあるが、今は全く歩かれていないようでミゾソバが密集していた。ここから七五二・五㍍峰へと向かう。

稜線に踏み跡を求めて見上げる頂に登ると西隣りにもう一つピークが見えた。薮を漕ぐようにしてそのピークにたどり着くと「点名・城ヶ峰・北緯三四度二六分二四秒一七六、南緯一三五度五二分一一秒〇六八」と書かれた札が幹にくくり付けられ、その下に三等三角点があった。この山を奈良山岳会では「耳我《みみが》の峰《みね》」として同山岳会編の『大和青垣の山々』の中で次のように紹介している。

「『耳我の峰』こんな呼び名をもつ峰は現在どこにもない。古く万葉集に天武天皇の御製として出てくるものだ。

み吉野の耳我の嶺に　時なくぞ雪はふりける。間なくぞ雨は降りける。その雪の時なきがごとく　その雨の間なきがごとく　隈も落ちず　思ひつつぞ来るその山道を……万葉集

—中略—

この歌にある耳我峰を、吉野の上流とする説もあるが、初冬の一日、多武峰から吉野に至る『細峠』から『竜在峠』を越えるとき、この歌の意をまのあたりに見ることができるのだった。」

ヒノキと薮に覆われた山頂からは展望はなかった。竜在峠に戻って東への山道を五分ほど下ると林道終点に出た。これを下って鹿路トンネルの入口に抜け、県道三七号線（桜井吉野線）を多武峰バス停へと向かった。

（97・9・21）

▼最寄バス停：奈良交通・不動滝・多武峰

▼参考タイム：不動滝バス停（50分）林道終点（8分）大峠（35分）龍門岳への分岐点（10分）四等三角点（七八九・八メートル）（35分）細峠（15分）竜在峠（13分）七五二・五メートル峰（8分）竜在峠（5分）林道終点（10分）県道三七号線に出る（40分）多武峰バス停

細峠

雲雀より　空にやすらう　峠かな

四五歳の俳聖芭蕉は貞享四年（一六八七）の春、伊賀上野から多武峰を経て龍門の滝へ向う旅の途中、この峠でいこいのひとときに出来た名句。

細峠は標高七〇〇㍍、古来龍門と国中《くんなか》地方を結ぶつづらおりの山坂三里の往還道路です。村人は松茸、柿、栗、こんにゃく芋、木炭、材木など重荷を肩に桜井、三輪あたりで売り、米、塩、油などを買って帰りました。きびしい汗、いのちの道でした。その頃細峠は龍門寺や吉野、山上まいりの客で賑わい三十戸もありましたが、今は廃村、ひばりがとび立った麦畑は立派な杉山になっています。

昭和61年11月23日　勤労感謝の日再建

龍門文化保存会

高取《たかとり》山（五八三・九㍍）

地形図　二万五千分の一「畝傍山」

近鉄壺阪山駅から奈良交通バスに乗り壺阪寺まで約二〇分、標高三五〇㍍の地点にある壺阪寺に着く。今日は西高東低の気圧配置で風が冷たい。壺阪寺には向かわず高取城への車道を進む。北西に畝傍山と生駒山が見え、大観音像を見上げながら車道を歩く。四二二㍍峰の先のコルの手前で「ハイキングコース五百羅漢〇・二キロ、高取城跡一・五キロ」と標識が出る。五分ほどで五百羅漢と出合う。一枚岩にたくさんの羅漢さんがひしめいている。

「秋寒し　おしあふ石の佛達　　蝶酔」

「左・五百羅漢遊歩道を経て高取城跡へ、右・高取城跡へ」の道標があるが、どちらを取ってもすぐ上に出て尾根上で合流する。ヒノキ林の中を進むと尾根が東へ折れる地点に「高取城跡一・〇キロ」と道標が出る。NTT高取無線中継所が近づき、NTT専用道路にいったん出るが、また山道へ。「史蹟高取城跡」(文化財指定昭和二十八年三月三十一日」の石柱が出て八幡神社の峰を回り込んで車道に出ると高取城案内板があった。道標に従い登っていくと石垣が出てくる。

壺阪口門跡、続いて大手門跡、十三間多聞跡、二

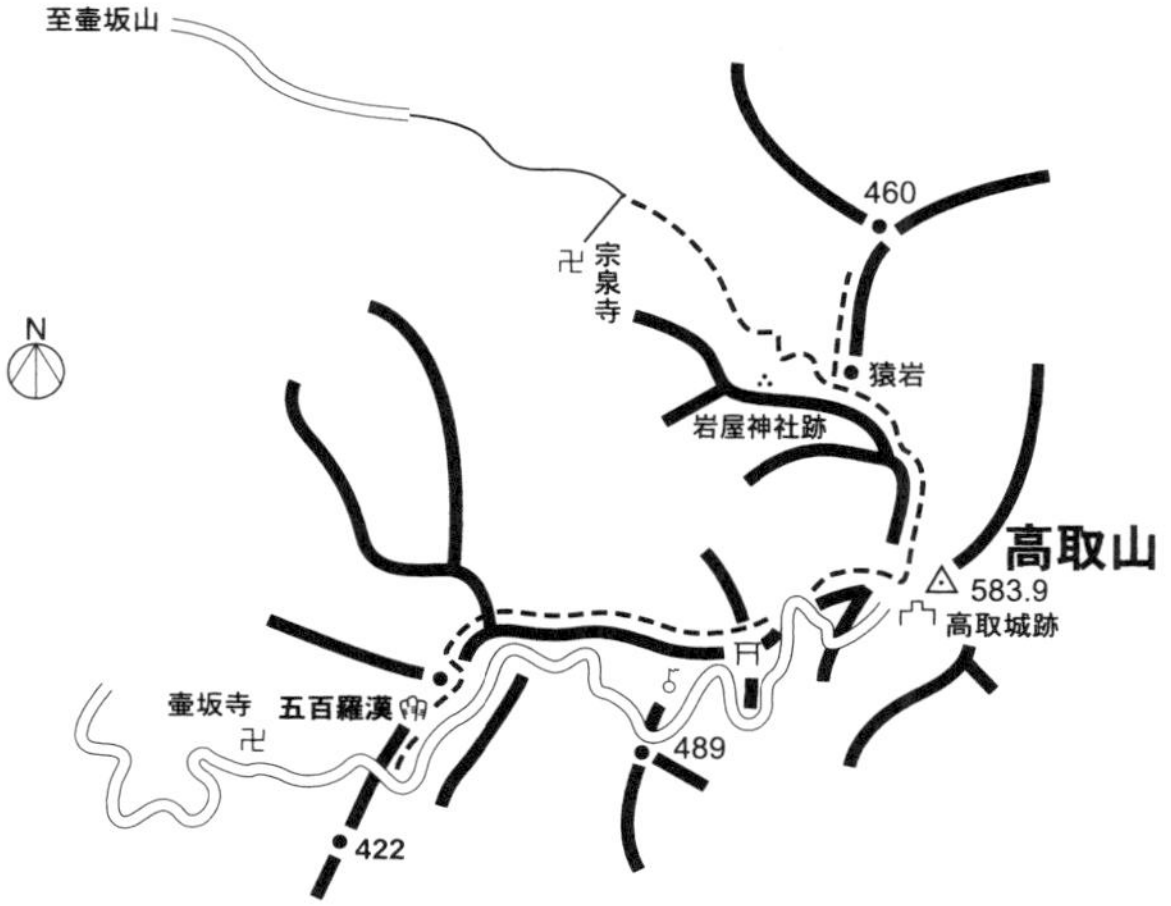

ノ丸、本丸と続く。南に大台ヶ原から大峰山、吉野山が、北西には音羽三山が望めた。天守閣跡まで登ってくるとここが最高点で三角点がある。ここから西側の展望が良く、金剛・葛城の山並みが望める。

「本丸は大小二棟の天守閣と鉛櫓、煙硝櫓、多聞櫓（塁上に設けた細長い単層の櫓）と塀によって接続する。これを連立式形態といっている。東西四十間（約73㍍）南北三十五間（約64㍍）の凸字型の平面をなしている。地型の変化に対応して築かれた山城は自然に不規則な縄張りとなる。しかし、この本丸は平地の城郭のように整然さを有する築城技術の完成したころの構築と見なされている。」と説明されている。

猿石を見たかったので北へ。侍屋敷跡から宇陀門跡と石垣が続き井戸も残っている道を下る。猿石に着いた。立て札には「元禄年間明日香村で発掘された一連の石像美術の一つである」とある。おどけた感じのす

猿石

る猿石だが人気があるようで、その前には賽銭と供花があった。右の尾根にある明日香村へ下る道を見送って、進んでいくと「岩屋神社跡へ約一二〇㍍」と標識があるので見に行くことにした。トラバース気味の踏み跡があって次の支尾根に出ると不動明王、文珠菩薩、役の行者の石像が建つ岩屋神社跡に出た。岩屋不動ともいわれているようだ。元の道に戻り、七廻りの山道をどんどん下ると宗泉寺に出る。ここからは車道（舗装路）となっている。

このコースで上部の大手筋から城に登る急坂を一升坂という。長田光男編『奈良素描2』によると、「高取城を築く時、石垣の石材の多くは今の橿原市鳥屋増田ケ池の辺から取った。人夫達が一升坂まで大石を運び上げてきたが、ここの坂があまりにも険しいので、これから上へは登ることができず難儀をしていた。奉行は、『それでは、日に米一升ずつ増やすから元気を出せ。』と言ったので、ようやく大石も山上まで上がった。それ以来、この坂を『一升坂』というようになった。」とある。

上子嶋までくると谷が開け、正面に葛城山が望めようになり、家老屋敷の長屋門のある城下町を通り抜け、壺阪山駅へと向かった。

（96・11・16）

▼最寄駅：近鉄・壺阪山
▼最寄バス停：奈良交通・壺阪寺
▼参考タイム：近鉄壺阪山駅（バス20分）壺阪寺（25分）山道に入る（5分）五百羅漢（45分）高取山（15分）猿石（5分）岩屋神社跡入口（往復10分）（15分）宗泉寺（45分）近鉄壺阪山駅

大和三山　畝傍山《うねび》（一九九・二㍍）・天香久山《あまのかぐ》（一五二㍍）・耳成山《みみなし》（一三九・七㍍）

地形図　二万五千分の一「桜井」「大和郡山」

畝傍山

橿原神宮の中央出口に立つと正面に畝傍山の東尾根が見える。本殿でおみくじを引いてみると、「小吉―方向―西北の間進むに吉」と書かれていた。これから向かう畝傍山は橿原神宮本殿から西北に当たる。今日の山登りは吉だ。

北神門をくぐり、右にカーブすると「畝傍山登山口」と道標。道標に従って進むと鎮守之宮・東《ひがし》大谷日女命《おおたにひめのみこと》神社に着く。この山は畝傍山国有林で、道は左に迂回する。畝傍山口神社への道を過ぎ、頂上への道標に従う。道は東に進むようになり、右に折れ、尾根に出て、左に取れば頂上。

畝傍山口社殿跡と三等三角点があって、木々の間から二上山、岩橋山、葛城山、金剛山へ続く稜線が見え、北東には耳成山が望める。

イトクの森古墳への道標に従い東尾根を下ると『航空母艦・瑞鶴之碑』『絆の錨・殉國之碑』や他にも石碑が見られ、イトクの森古墳前方後円墳（全長約三〇㍍）があった。

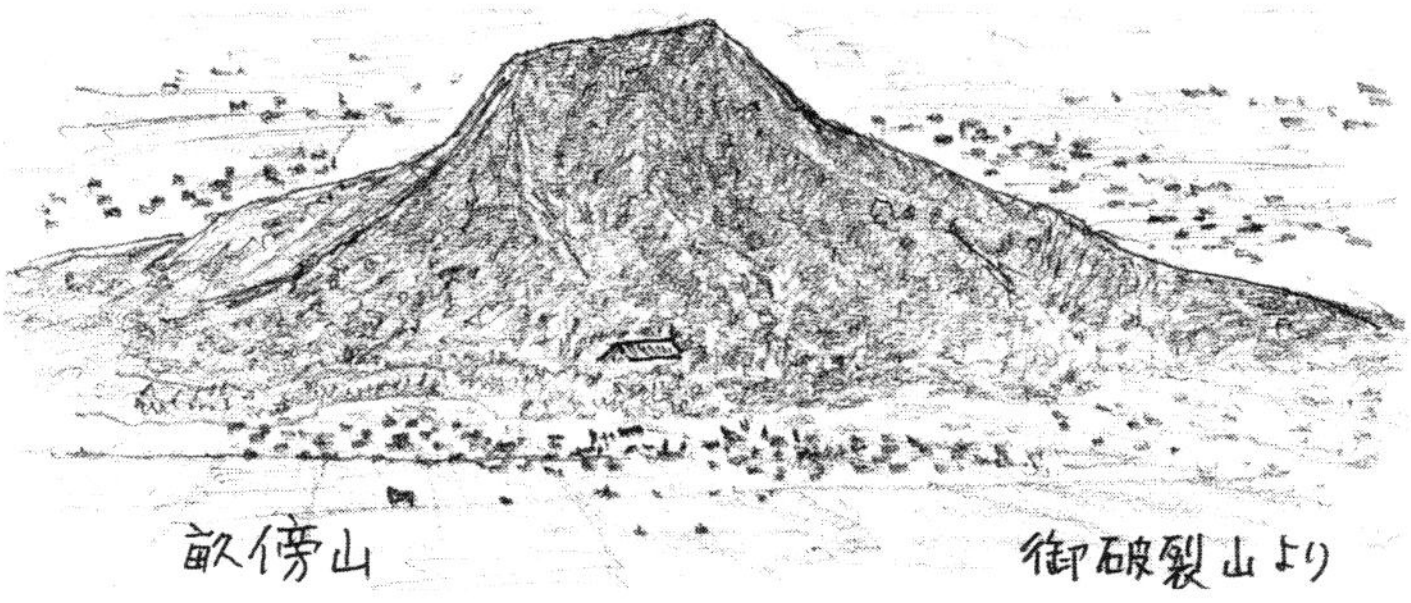

天香久山

橿原神宮の境内を出て、神武天皇陵への車道を横断し、体育館横の道を東に進む。近鉄橿原線の畝一〇号踏切を渡り、そのまま東へ進むと御破裂山、音羽三山、貝ヶ平山、鳥見山が前方に広がり出した。近鉄畝傍御陵前駅からのバス道に入り、本薬師寺跡を過ぎて飛鳥川に架かる新河原橋まで来ると「香久山公園一・八㌔」と案内が出る。

道なりに進むと天岩戸神社への道標が出て南浦町に着いた。地形図を見ると香久山の麓は約七〇㍍、この山の標高は一五二㍍で比高は約八〇㍍だから登行時間はあまりかからないはずである。ここで左に折れ、天岩戸神社にお参りする。舗装された一㍍幅の道を左から巻いて、いったん、北側に出ると耳成山、二上山が望め、柿本人麻呂の石碑が建つ。

「ひさかたの　天の香久山　この夕霞たなびく　春立つらしも」

ここから地道となり、南へ向かって登ることになる。尾根に出ると香久山の説明板があり、左に取るとすぐに山頂である。小さな社

畝傍山より耳成山を望む

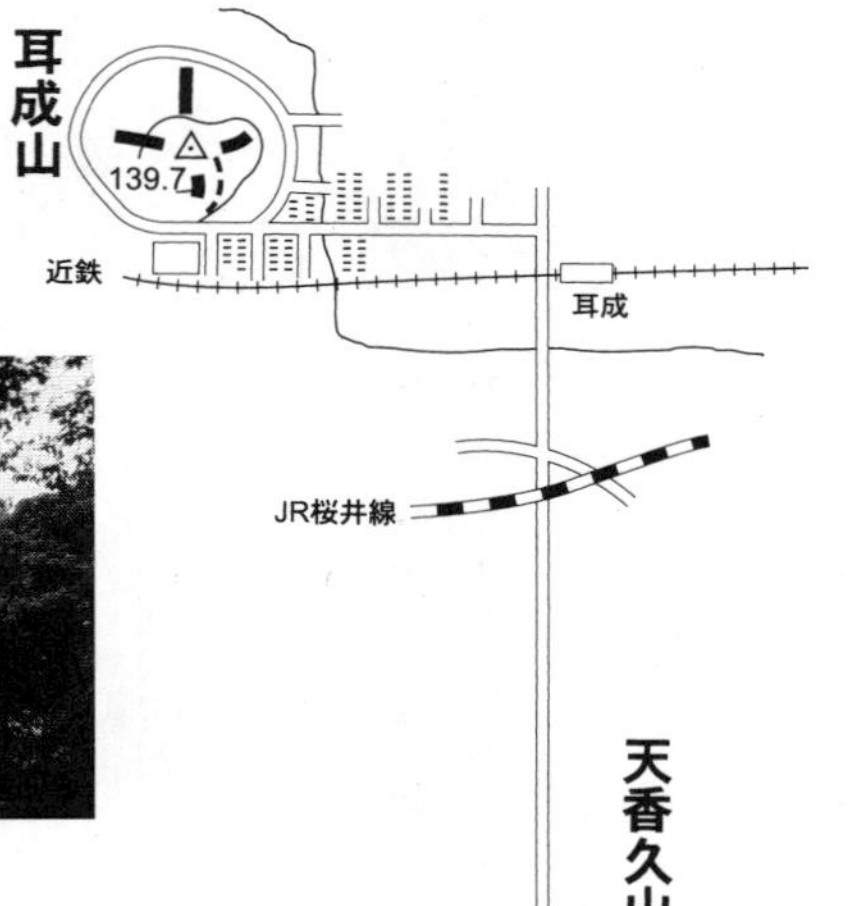

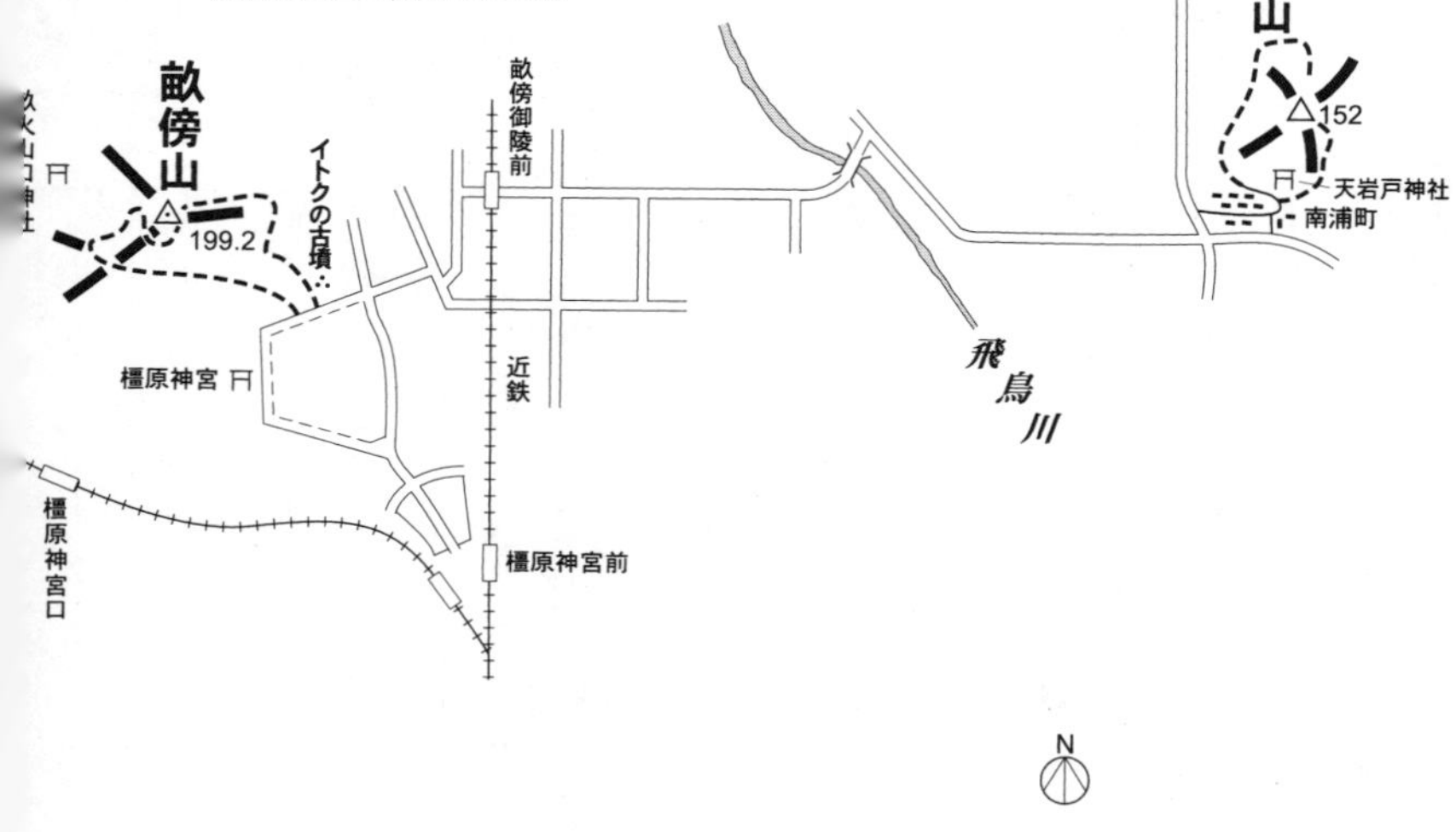

が二つ並んでいた。高龍《たかおかみ》神社（雨を司る龍神）と國常立《くにとこたち》神社（国土を治める神）である。残念ながら木々に囲まれて山頂からの展望はない。

「下の御前」への道標に従って下山する。登りに使った道よりこちらの方が快適な遊歩道だ。途中イザナミ神社に立ち寄る。再び天岩戸神社の前を通り、香久山の西、南北に走る車道を耳成山を目指して北へ向かう。

耳成山

奈良国立文化財研究所前を過ぎ、国道一六六号線を渡って近鉄大阪線の耳成駅の踏切を渡る。一筋目を左に折れ西に進む。住宅街を抜けると耳成山公園である。ここが耳成山登山口となる。山口神社の石灯篭が並ぶ石段を登り、神社の左側にある山道を登るとすぐに山頂である。

三等三角点と「明治天皇大演習御統監之地・明治百年記念」の石碑が建つ。樹林の山頂で展望はない。下りは山口神社のすぐ南にある車が通れる幅（登り口で車止め）の道に出る。南側から西、北、東、南と山腹を一周して先ほどの耳成山登山口に下りるようになっている。（96・9・29）

▼最寄駅：近鉄・橿原神宮・耳成

▼参考タイム：近鉄橿原神宮駅（20分）畝傍山登山口（30分）畝傍山（15分）イトクの森古墳（55分）南浦町・天岩戸神社（15分）香久山（10分）南浦町（40分）近鉄耳成駅（15分）耳成山登山口（15分）耳成山（15分）耳成山登

山口（15分）近鉄耳成駅

畝傍山国有林

ここは歴史的にも有名な大和三山の一つで標高一九九・二メートル、面積四一ヘクタールの死火山で安山岩からなっている。東部裾野に神武天皇陵、北西部には綏靖塚、南西部には安寧天皇陵、南部には懿徳天皇陵、南東部には橿原神宮があります。

香久山《かぐやま》は　畝傍《うねび》を愛《お》しと　耳成《みみなし》と
相争ひき神代《かみよ》より　かくにあらし　古昔《いにしえ》も
然《しか》にあれこそ　うつせみも　嬬《つま》を争ふらしき
「万葉集」中大兄皇子

奈良営林署

香久山国有林

ここは歴史的にも有名な大和三山の一つで標高一五二メートルあります。耳成山、畝傍山が孤立峰であるのに対し、香久山は多武峰、音羽山へ続く龍門山塊の一部で一番山容が目立たず、面積も九ヘクタールとわずかですが、三山の中では最もよく知られています。

春過ぎて　夏来るらし　白妙の　衣乾したり　天の香久山
持統天皇

奈良営林署

岳山（五二五・五㍍）

地形図 二万五千分の一「初瀬」

ボタンの花で有名な長谷寺の南にそびえる山が岳山である。近鉄長谷寺駅から東へ、国道に抜け、西の桜井東中学校に向かう橋を渡る。中学校の正門前から裏に回ると狛川沿いの道に出る。振り返ると巻向山が青々と盛り上がっている。ここを南へ向かうと近鉄の下をくぐり抜け、狛の集落。集落の外れに狛岩坂老人会が立てた「左狛峠を経て大宇陀町へ・右岩坂十二神社」という道標に従い左の道に入る。児童公園、六地蔵を過ぎると山腹を巻くようにして進む作業道が延びている。次の谷の出合で「左墓参道・右狛峠」と道標が出る。前方に狛峠の凹みが見える。さらに次の谷の出合に「大宇陀へ」の道標が出て谷筋の道に入る。草茫々の作業道は今はほとんど利用されていないようだ。やがて人一人だけが歩ける道幅となり、スギ林の下にドクダミ、ガクアジサイが咲いていた。

やがて狛峠、それを越えると開けて田圃が広がっていて笠間街道を走る車の音が時々聞こえてくる。山際に咲くウツボグサを見ながら五分ほどで笠間街道に抜ける。東へ向かうと、進行方向にこんもりとした福地岳（五二一・一㍍）が盛り上がって見え、左の稜線の少し高い所にアンテナが見える。そこが岳山のピークだ。

登り口は新陽明門院陵横にある送電線の巡視路マーク「火の用心一〇六」の地点で、民家と民家の間を登る。新陽明門院陵の裏に出て竹林。支尾根の端の末端の凸部に新陽明門院陵が位置している。その支尾根をＵ字状に抉られた道を登る。足元にテレビ中継所と書かれた杭があることから山頂まではっきりとした道が続くだろう。梅雨の晴れ間で蒸し暑かったが、スギ林が陽を遮ってくれたので、あまり暑さは感じなかった。

道はトラバースして次の支尾根に移った。右側がササとなり市町界尾根が近づいてきて、合流した地点が山頂であった。宇陀中継放送所の建物があり、三角点は左のヒノキ林の中にある。休憩して東の稜線へと入る。ここは人工林の作業道で歩きやすい。道は右からの作業道、左からの墓参道と合流し、少し下っていくと林道と出合う。ここが長者屋敷越の峠で小さなお地蔵さんが二体並び、その上に

岳山

も一体ある。

東に下ると一〇〇㍍ほどで安田へ下る車道と笠間へ下る分岐点となる。この出合の左側のササ薮の中に祠があり、長者屋敷跡と伝えられている所だ。

「昔、ここに貧乏な若者が住んでいた。信心深く長谷寺の観音堂への七昼夜の断食参籠後、長井坂で薯の蔓を見つけて掘りおこしたところ、黄金のつまった壺が出てきて、大金持ちになり、ここに大きな屋敷を構えた。蓑丸長者と称したが、二代で滅び、その跡に小さな祠がある」と伝承がある。

この分岐点を右に下ると安田に下る。途中で右に下る車道を下っても笠間街道には出られる。今回は左に下り、文政四年と刻まれた石標の左をとって笠間に下った。笠間から狛峠経由で近鉄長谷寺駅へと戻った。

なお、長者屋敷越の峠から長谷寺側へと下るルートは、林道から山道になる。それも、途中から枝払いの枝が山道を塞いだりしているから、踏み跡を探しながらの下りとなる。（97・6・29）

長者屋敷跡の祠

▼最寄駅：近鉄・長谷寺

▼参考タイム：近鉄長谷寺駅（1時間10分）狛峠（20分）新陽明門院陵（25分）岳山（20分）長者屋敷越の峠（15分）笠間（30分）狛峠（1時間）近鉄長谷寺駅

陽雲寺と新陽明門院陵

陽雲寺については詳細な資料がないが、鳳凰山陽雲禅寺と号し、平安時代中期頃の創建と伝えられている。かつては多くの塔頭が建立され、かなりの寺勢を誇ったようである。現在、この寺には徳治二年（一三〇七年）の奥書がある大般若経六百巻、地蔵菩薩立像、弥勒菩薩坐像（本尊）などが伝えられている。新陽明門院笠間山稜とよばれている墳墓には後村上天皇の中宮、源顕子が葬られているといわれている。正平八年（一三五三年）、源顕子とその子の坊雲は、世を避けて陽雲寺雲上庵に閑居した。正平十四年（一三五九年）、源顕子が逝去したため、ここに墳墓が築かれ、これが新陽明門院笠間山稜とよばれている。

榛原町教育委員会

第5章　西部　金剛・生駒

生駒《いこま》山（六四二・三㍍）

地形図 二万五千分の一「生駒」「信貴山」

「難波津を　漕ぎ出て見れば　神さぶる　生駒高嶺に　雪ぞたなびく」と『万葉集』（巻二〇　四三八〇）に詠まれ、『日本書紀』の神武天皇の項に「夏四月の丙申の朔甲辰に、皇師兵を勒へて、歩より龍田に趣く。而して其の路狭く嶮しくて、人並み行くことを得ず。乃ち還りて更に東膽駒山を踰えて中洲に入らむと欲す。」と生駒山が出ている。

　現代の生駒山の山頂は遊園地になっているので車で子供を連れて行ったことがある。近鉄生駒線の南生駒駅で降

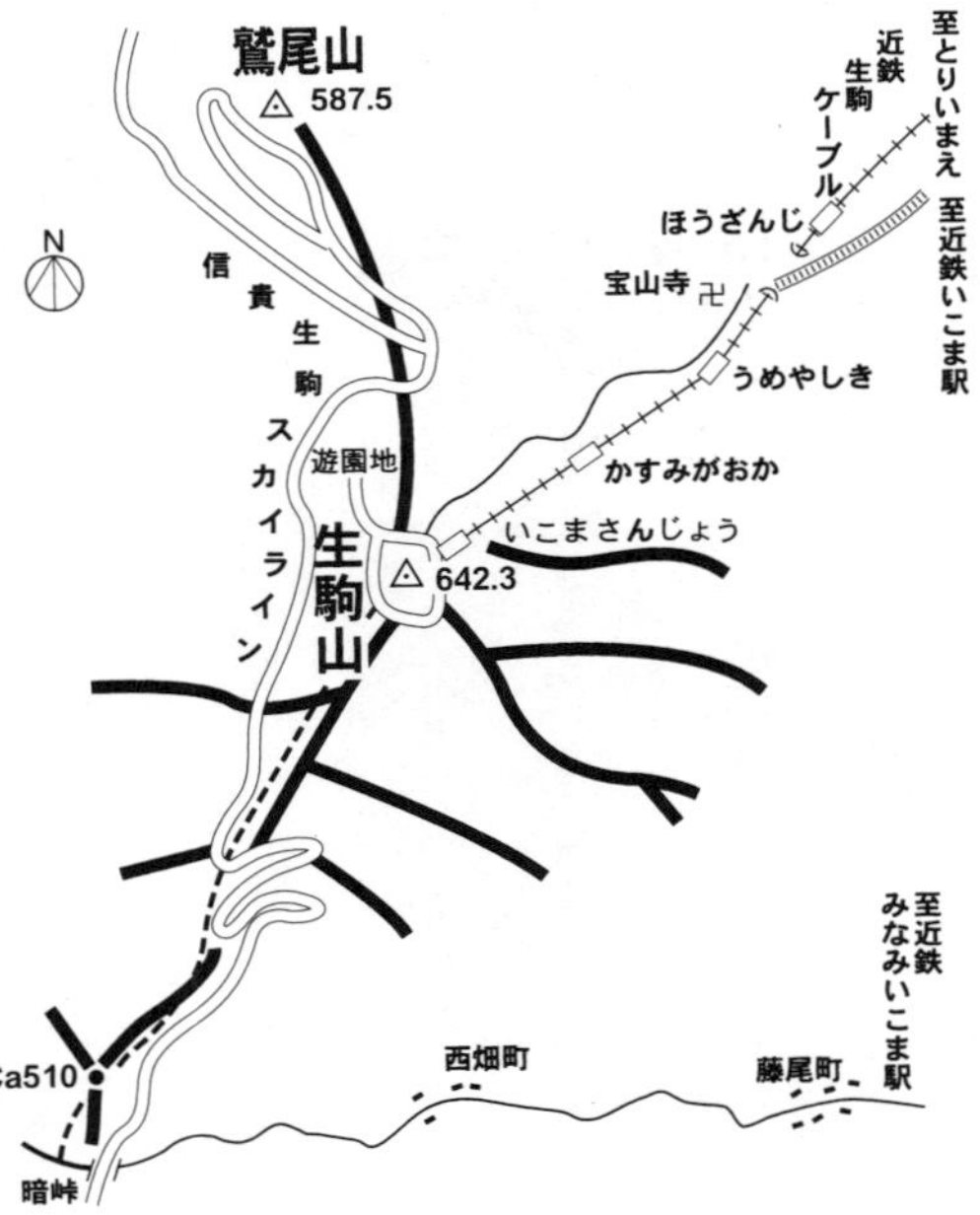

生駒山

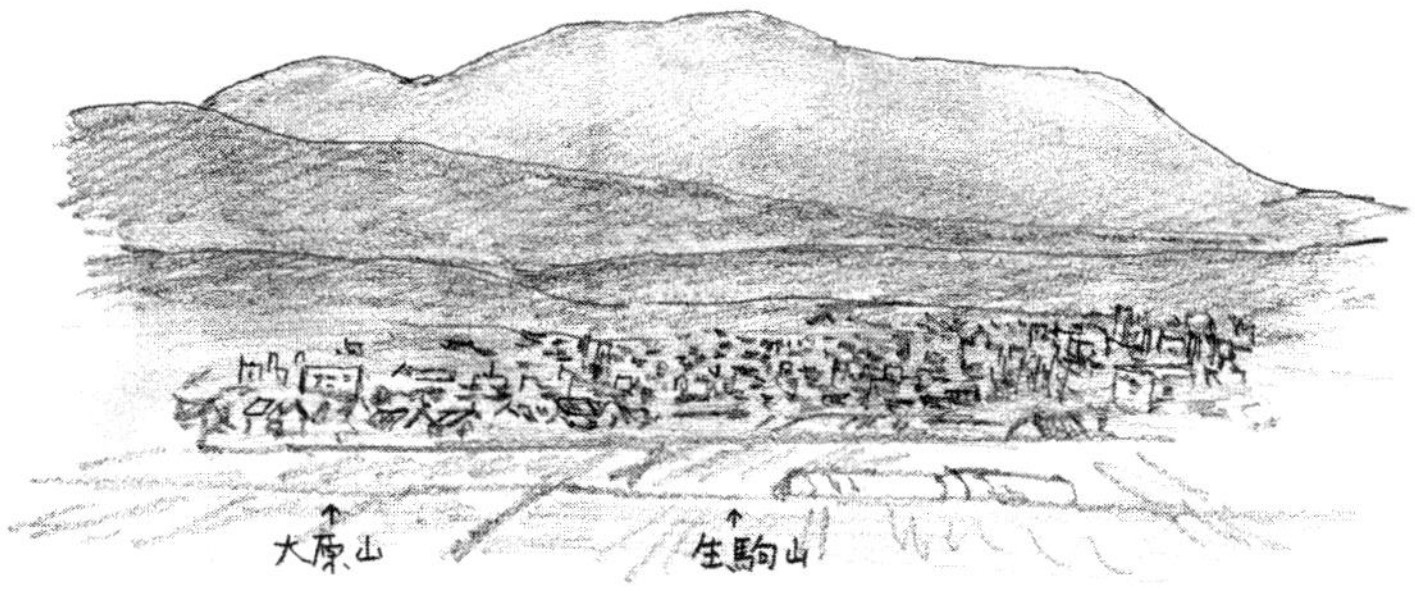

りる。駅の南の竜田川に架かる橋を渡り、国道一六八号線の信号を渡り西へ、正面に生駒山の山頂に林立するアンテナがよく目立つ。生駒山の北に尖がり気味の台形の山が見える。たぶん鷲尾山（五八七・五㍍）だろう。生駒南小学校を過ぎ、町並みが途切れると雨池がある。

榁木《むろのき》峠から暗峠《くらがり》への道は古代から奈良と大阪を結ぶ重要な交通ルートで、暗峠付近は石仏、石塔等の石造文化財が残っており、旅籠があったという。振り返ると矢田丘陵が緩やかに波打っている。ツユクサ、マンジュシャゲが咲き、竹林が出てくると生駒市南地区公民館別館前で「暗越奈良街道・暗峠まで約二㌔」という標識。「石造阿弥陀如来立像文永七年（一二七〇）」と銘のある石仏を過ぎると道が広がり、国道三〇八号線と標識が出たので今歩いてきた細い道も国道だったのだ。西畑町まで登り、振り返ると天理の東に連なる山々が浮かび上がっていた。ここは標高約三五〇㍍、信貴生駒スカイラインのガードレールがもうすぐそこに見える。その下をくぐり抜けると暗峠であった。

「日本の道一〇〇選・生駒八景その三」とあり、北側の民家と民家の間から生駒山に向かう山道があり、「北鬼取山元薬師一二丁・北生駒寳山寺北五丁」と安政六年に刻まれた石柱が建つ。その山道に入ると、竹林でお地蔵さんの横を通り、Ca五一〇㍍のコブを越え、信貴生駒スカイラインのガードレールの横に出る。すぐにそれを離れるとササの登りとなる。スカイラインの急カーブの地点で、またガードレールの横を歩き、次の登りでまたまたスカイラインと出合うとあずまや、ブランコ、滑り台のある展望台で、南に葛城山と金剛山が見える。ここでスカイラインを横断して、登ると近鉄生駒無線局、第二電々生駒リレーステイション、近畿移動生駒送受信所、NHK生駒テレビ放送所、NTT生駒無線中継所、毎日放送、朝日放送、読売テレビ送信所と鉄塔が林立する中を歩くようになる。

山頂一帯が遊園地となっていて「ハイカーの方は右の門をお通り下さい」と案内板があり、入園料はいらない。山頂の一等三角点は庭園列車の敷地の中にあるので近づくことは出来ない。下りは生駒山上駅から駐車場（「生駒聖天（宝山寺）を経て近鉄宝山寺駅」と道標）経由でケーブル横に付けられた石畳の道をどんどん下る。うめやしき駅から左の道に入り「聖天さん」と人々に親しまれている宝山寺（一六七八年、僧湛海の開山。役ノ行者が般若窟を行場としたと言われる。）にお参りをして、門前から旅館や食堂が両側に並ぶ階段の多い道を生駒駅へと向かった。

（96・9・21）

▼最寄駅：近鉄・南生駒・生駒

▼参考タイム：近鉄南生駒駅（1時間15分）暗峠（40分）生駒山（40分）宝山寺（25分）近鉄生駒駅

暗峠《くらがり》

暗峠は、標高四五五㍍。生駒山頂から尾根伝いに南へ約二㌔下った所にある。もともと平城京を中心に発達した道で、大阪と奈良を結ぶ最短距離にあったことから、遣唐使の一行もこの峠を越えて難波《なにわ》の港へと出たことであろう。また、下《しも》ツ道《みち》や上《かみ》ツ道《みち》と接続していたから、初瀬《はつせ》・伊勢参りの人々の道として大いに利用された。また、逆に奈良側から大阪へ「暗《くらがり》を越えれば明日は明石《あかし》」ということばもある。語呂あわせと、暗と明の対照語をひっかけた言い回しである。

「河内名所図会《かわちめいしょずえ》」では、「椋ケ嶺《くらがね》峠」と書いているが、地形内には生駒山地の鞍部に当たるから「鞍ケ嶺《くらがね》峠」と解したほうがぴったりする。

一六九四年（元禄七年）九月九日の朝、「菊の香や奈良には古き仏達」の名句を残して、松尾芭蕉は奈良をたち、この峠を昼に越えた。その時の句に、

　菊の香やくらがり登る節句かな

がある。

（「奈良点描1」長田光男編）

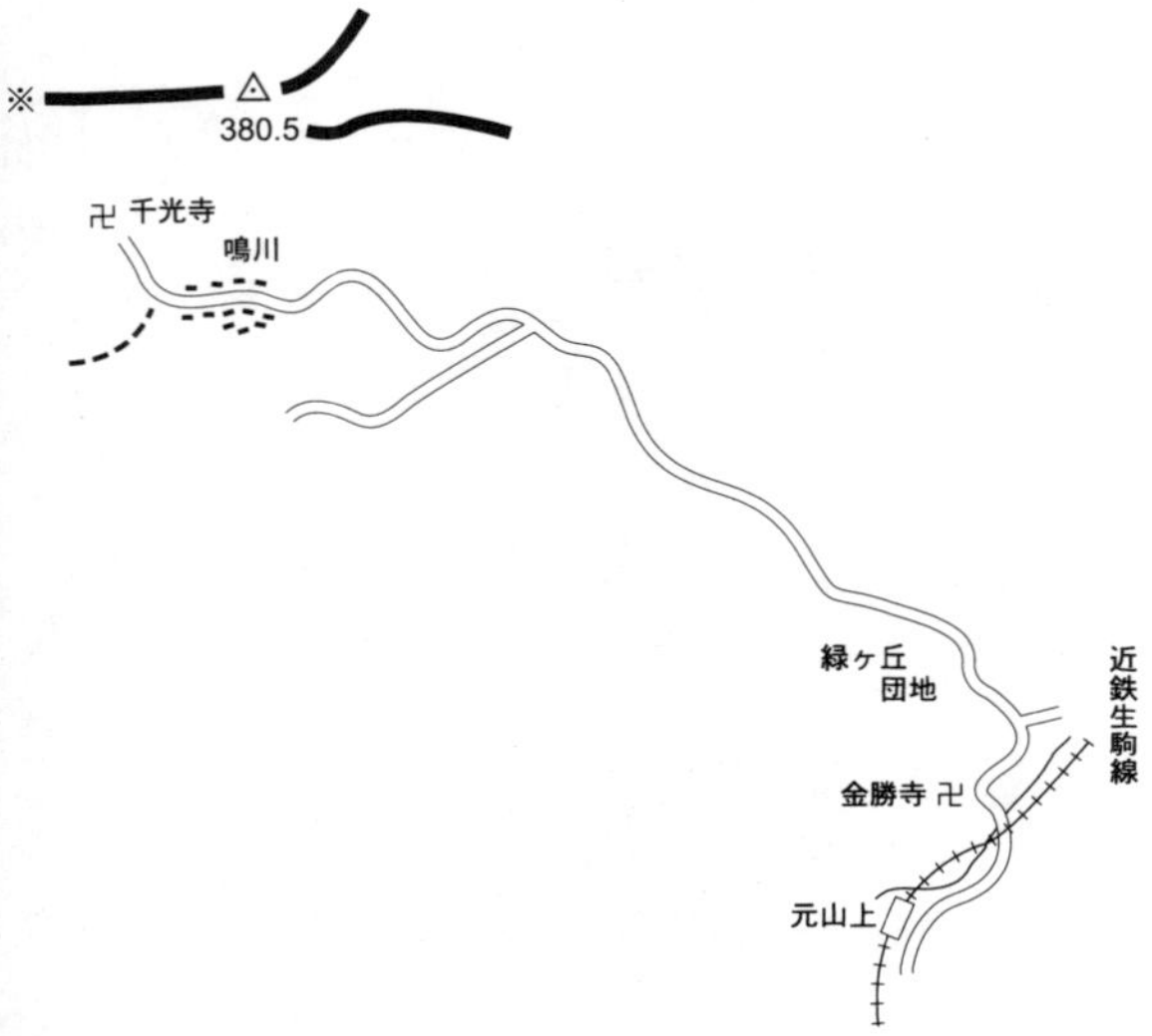

大原山《おおはら》（五二二㍍）

地形図 二万五千分の一「信貴山」

この山はあまり知られていない。奈良盆地から眺めても生駒山の大きさに圧倒されて大原山は目立たない。地形図にも山名は記入されていないので、この五二二㍍峰を大原山だと知っている人は少ないのではないだろうか。あるガイドブックには暗《くらがり》峠と鳴川峠との間に盛り上がっている五二二㍍峰が大原山と紹介されていた。

元山上から竜田川沿いの県道一六八号線を北へ、金勝寺へと向かう。ここの磨崖仏を見ておきたかった。金勝寺は、「本尊は薬師如来坐像で像高一・五㍍で寄木造、漆箔の等身大坐像で藤原期の洗練された彫刻様式をもち玉眼技法を取り入れた希少価値の高い優作。推定藤原後期

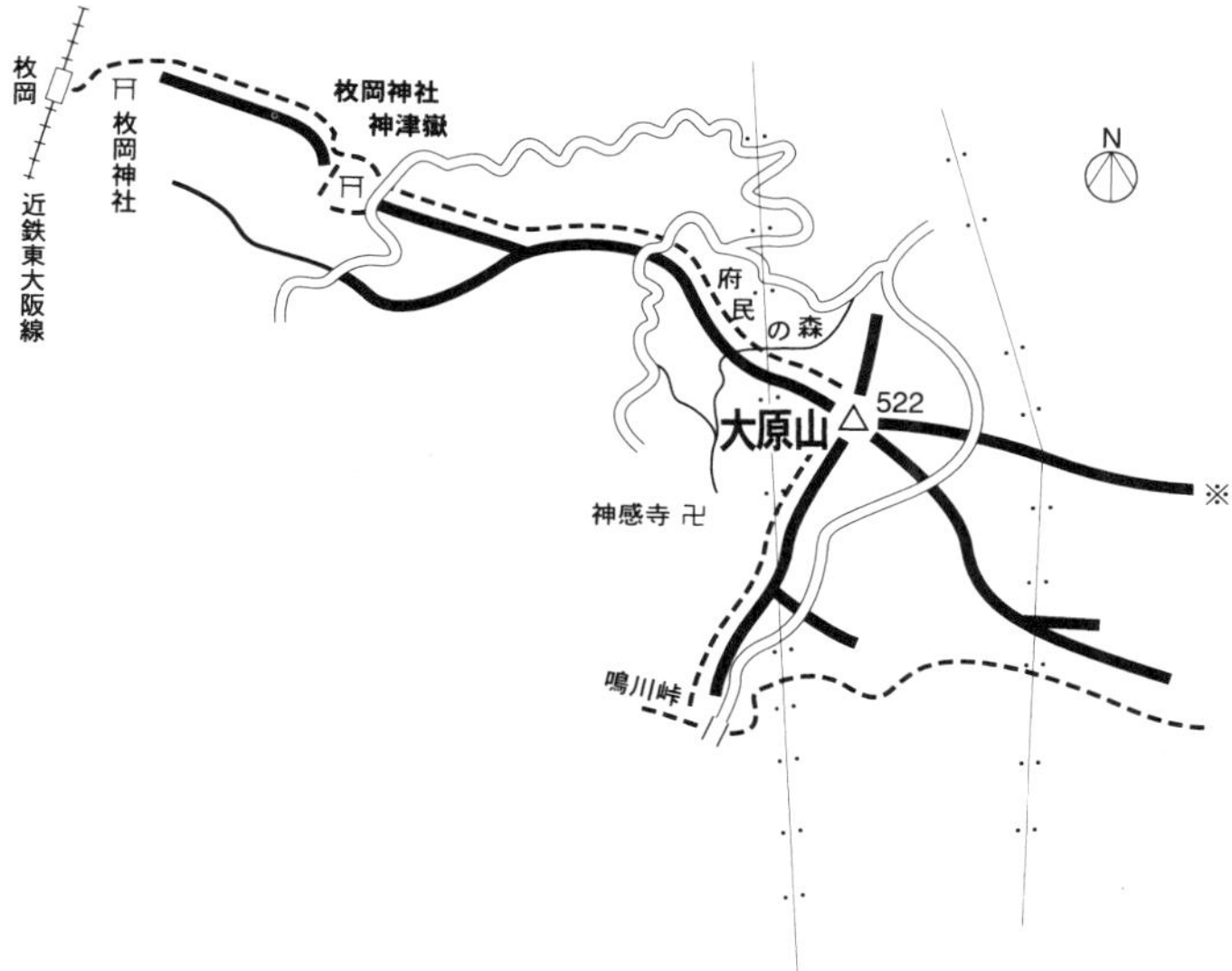

の作。」と説明されている。その本堂の左に石仏二体と宝篋印塔が彫られた磨崖仏があった。

金勝寺を後に県道一六八号線の次の信号を左へ「女人山上千光寺・役行者御旧跡」と刻まれた石柱が建ち、「鳴川渓二・五キロ」と道標が出る。緑ヶ丘団地の北側の町道鳴川線を行く。要所、要所に道標があるので千光寺へは間違いなく導かれる。鳴川磨崖仏（鳴川石仏）の矢印で谷に下り、六、七メートルはある岩壁に彫られた清滝地蔵を見て千光寺に詣でてから、「鳴川峠へ（一・七キロ）」の道標に従う。

谷沿いの道に入った所に等身大の不動尊、続いて不動滝、しばらくして鐘掛岩が対岸にある。行場への道を見送り、道は軽自動車が通れる幅で鳴川水源地辺りまで続いている。ここで対岸（右岸）に渡る。送電線の鉄塔（No.六八）（No.六九）への巡視路の標識が出てくる。鉄塔

No.六八を見送り、鉄塔No.六九の方へ向かうことになる。左岸に渡り、また右岸と渡ると人一人だけしか通れない山道となり、谷から外れる。送電線の下まで来ると旧い石標があって十字路、ここからトラバース気味の道が、自然林の中に続く。さわやかな所だが、時折、信貴生駒スカイラインを走る車の音が聞こえ、興ざめである。

　やがてその信貴生駒スカイラインをくぐるとお地蔵さんのある鳴川峠であった（「十三峠二・二キロ、暗峠一・四キロ、水車小屋跡〇・五キロ、瓢箪山駅三・二キロ」と道標あり）。生駒山縦走歩道を「大原山へ」の矢印に従い、広い遊歩道を登る。送電線の鉄塔、ブロック塀の横を通り、登りつめるとマツとツツジが点在する大原山の頂上で、ベンチとテーブルがある。山頂近くに八代龍王神感寺があって、車道が頂上直下まで来ている。「ぼくらの広場〇・三キロ、枚岡駅三・二キロ」と道標、道標に従い、鯉がいる池を渡り、送電線の鉄塔まで来ると、電波塔群の生駒山が盛り上がっている。その先が大阪みどりの百選・府民の森で、なるかわ園地「ぼくらの広場」がある。サツキが中心になっていてピクニックでここまで登ってきている人達が多い。瓢箪山駅と枚岡駅への分岐点で枚岡駅へと向かう。少し下に万葉植物展示園があり、植物と万葉の歌が解説されている。

　サツキで飾られた遊歩道を下ると府民の森管理事務所に出る。ここからよく使われている神津嶽ハイキングコースをゆくと、広い舗装道路に出る。「らくらく登山道」と道標があって、今下ってきたルートは健脚向となっていた。休憩小屋を過ぎ、さらに神津嶽ハイキングコースを進んでいくと道は、すぐに二つに分かれる。左は神津嶽へ、右は下り道。左に入って枚岡神社神津嶽に登る。

枚岡神社の神殿は平成五年（一九九三）五月二一日奉献されたとある。ここを下ると、先ほど分かれた右の下り道と合流し、枚岡展望台まで来ると大阪湾が望める。広い道を枚岡梅林への矢印の方へ向かい、椋ヶ根橋の方に折れ枚岡神社へと下った。（97・6・16）

▼最寄駅：近鉄・元山上駅、枚岡駅

▼参考タイム：近鉄元山上駅（10分）金勝寺（60分）千光寺（5分）鳴川峠（一・七キロ）の道標（45分）鳴川峠（20分）大原山（20分）府民の森管理事務所（40分）枚岡神社（5分）近鉄枚岡駅

まゆみ

みこも刈る　信濃《しなの》の眞弓《まゆみ》　わが引《ひ》かは　貴人《うまひと》さびて否《いな》と　言はむかも

久米禅師《くめのぜんじ》（二―九六）

やまぶき

山振《やまぶき》の　立ちよひたる　山清水《やましみず》　酌《く》みに行《ゆ》かめど　道《みち》の知るなん

高市皇子《たけちのみこ》（二―一五八）

すもも

わが園《その》の李《すもも》の花《はな》か　庭《には》に降《ふ》る　はびれのいまだ　残《のこ》りたるかも

大伴家持《おおとものやかもち》（九―四一四〇）

しひ（シイノキ）

家にあれば　笥《け》に盛《も》る飯《いひ》を　草枕　旅にしあれば　椎《しひ》の葉に盛る

有馬皇子《ありまのみこ》（二―一四二）

信貴《しぎ》山（四三七㍍）と高安山（四八七・五㍍）

地形図 二万五千分の一「信貴山」

近鉄奈良線信貴山下駅の出口を抜けると、右信貴ヶ丘、左は城山台の団地を分ける信貴山観光道路がまっすぐ西に延びている。この道を登り、突き当たりを右に曲がると信貴山高校の正門に出る。そこから信貴山ハイキングコースが始まる。昭和五八年（一九八三）に信貴山ケーブル線の跡地を利用してつくられた遊歩道で、まっすぐな登りだ。足元はところどころ、枕木がそのまま残してあるところもある。

登りきると信貴山観光道路と合流し、待合室がある信貴山バス停である。信貴山の雄岳と雌岳の二つの峰、その山腹に朝護孫子寺《ちょうごそんしじ》本堂の大きな屋根が見える。車道を横断し、門前町の参道を進んでいくと、延命地蔵に出合うので、ここを左のハイキングコースに入る。少し登ると樹林の尾根道で展望台もある。左下の車道と並行しながら進み、信貴大橋と駐車場が眼下になるころ、ハイキング道は右へ曲がって参道と出合う。

仁王門、赤門をくぐると寅のモニュメント、朝護孫子寺の手前左に「空鉢護法堂《くうはちごほう》約六〇〇㍍」の道標がある。これが信貴山山頂への道で、朝護孫子寺にお参りしてから登り出す。赤い鳥居が並ぶジグザグの道を歩く。山頂の空鉢護法堂へ水を持って上がるのが行だそうで、下の水屋から水をい

ただいて、水を持って登られる人達が多い。山頂の空鉢護法堂からは南側の展望が良く、二上山が正面に見えるが、それに続く葛城・金剛山は残念ながら霞んで望めなかった。

空鉢護法堂の手前には信貴山城跡の石碑がある。

山頂から左へ広い道を五分ほど下ると「汗かきの毘沙門さんへ」、「高安山へ」の小さな道標が出て、西側のヒノキ林の中に高安山への山道があった。少し下ると小さな鞍部で、左へ下ると弁財天滝だ。道幅一㍍はある道で、高安山から信貴山へと向かうハイカーによく出会った。マウンテンバイクで下ってくる人もいる。

途中、右の支尾根にある高安城倉庫跡を見て信貴生駒スカイラインを横断。未舗装の車道に出て高安山駅の方（左）へ曲がると右に盛り上がったピークがある。そこが三等三角点のある高安山山頂であった。ナナカマド等の木々に邪魔されて展望はない。

元の道に戻って生駒縦走歩道を行く。未舗装の車道を宗教法人一元の宮の前を通り、信貴生駒スカイラインをくぐって

東側に抜け北へと進む。スカイライン沿いにハイキング道が並行していて進行方向には生駒山が時々見える。数回登り下りを繰り返し、桜の木のある休憩地から右に下り、溜池の横を抜けて十三峠越え（大阪と奈良を結ぶ）の道に出て左に進むと十三峠である。

ここには重要有形民俗文化財に指定された生駒十三峠の十三塚というものがあり、次のように説明されている。

「大和国と河内国の国境、奈良県生駒郡平群町と大阪府八尾市神立にまたがって所在する。河内より大和高田・法隆寺へ抜ける十三峠のすぐ北側に南北に十三の塚が並んでいる。すでに江戸中期に広く知られた代表的な十三塚で、庶民信仰の様相を示すものとして重要であり、完存する十三塚として昭和六一年三月三一日重文指定を受けた。塚列は計画的に築かれており、標高四三八㍍の最高所に親塚を築き、南北九〇㍍の範囲に六基ずつの小塚を配している。

平群町教育委員会」

この峠越え街道は竜田越えともいわれ『万葉集』にもうたわれている古い道だ。道は信貴生駒スカイラインの下のトンネルをくぐって西側に抜け、大阪側から登ってきた車道を渡り、遊歩道を下ると

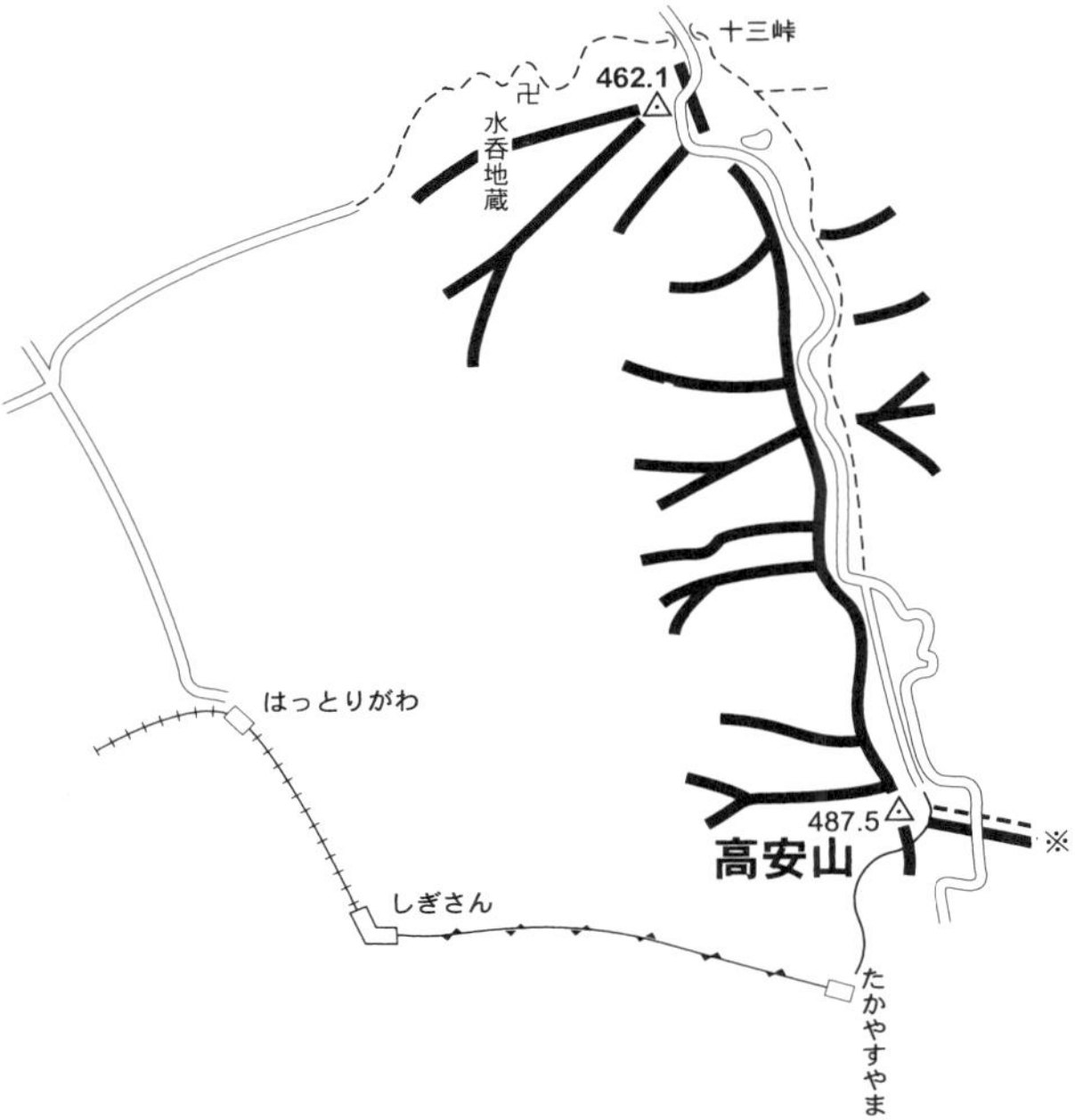

すぐに芝生展望台に着く。少し休憩してジクザグの道を下ると承和三年（八三六）に僧壱演《いちえん》が、地蔵菩薩を安置されたという水呑地蔵があった。地蔵前の湧き水は「弘法の水」と言い、弘法大師が十三峠を越える旅人のために祈願して得た霊水と言われ、脚気などに効能があると言う。

遊歩道の急な坂道をどんどん下り、神立茶屋辻や向山古墳と向山瓦窯跡（古墳時代前期の前方後円墳で後円は一部彩土、向山瓦窯跡は平安時代末期）がある史跡の道を下り服部川駅へと向かった。

（97・6・1）

▼最寄駅：近鉄・信貴山下、服部川駅

▼参考タイム：近鉄信貴山下（40分）信貴山バス停（15分）仁王門（30分）空鉢護法

堂・信貴山（5分）汗かきの毘沙門さんと高安山への分岐点（40分）高安山（50分）十三峠（10分）水呑地蔵（40分）近鉄服部川駅

信貴山城跡　　平群町指定文化財　　平成五年四月一二日指定

信貴山雄岳《おだけ》を中心とする山城で、東西五五〇メートル、南北七〇〇メートルに渡って一二〇以上の郭を配し、奈良県下最大規模を有する中世郭。空堀の切り通し堀、土塁《どるい》、門等の城郭跡がよく残り、特に高櫓《たかやぐら》跡は著名で、中世末、織豊期《しょくほうき》の山城跡として保存状況の極めて良好な例で貴重な遺跡。

信貴山は古代より河内と大和を結ぶ要衝地《ようしょうち》として幾たびか築城が繰り返された地である。古くは天智朝における高安城中心城域となり、中世には護良《もりなが》親王が鎌倉幕府軍への対抗拠点とするなど、戦略的に重要な位置にあった。

その後、戦国時代には木沢長政、松永久秀が築城入城し、大和を抑える本格的な山城として整備される。天正五年（一五七七）、松永久秀が織田信長に背き、大軍の総攻撃を受け五〇日間篭城、一〇月一〇日落城、その後、廃城となる。

平群町教育委員会

二上山（雄岳五一七㍍、雌岳四七四・二㍍）

地形図 二万五千分の一「大和高田」

二上山神社口より

二上山の眺めは飛鳥の甘橿丘から見るのが一番好きで、二年前にこの丘で描いた油彩を私は自分の部屋に飾っている。駱駝の二つのコブのような雄岳と雌岳、その山姿は周辺の山々にはない美しさがある。

『太子町・当麻の道』（金本朝一著）によると「二上山は何十万年も昔に活動をやめた火山で、ちょうど駱駝の背のような曲線を描いて奈良盆地の西南に望まれ、最高峰の雄岳（五一七㍍）及び雌岳（四七四・二㍍）があり、その西北には穴虫峠に至る約一六〇〇㍍の間に、高度七〇㍍内外の灰白色の連峯が続いている。これが天然記念物（県指定）として有名な『屯鶴峯《とんづるほう》』である。この二上山に出来た讃岐石、一名サヌカイトと、火山灰が積って長い間に出来た松香石は、わが国文化の黎明期に果たした役割は大きい。讃岐石の質は固く切口は鋭いので、石器時代には、石斧・石鏃・石槍など日常生活の器具を作った。松香石は質が柔らかで建築材や石棺を作るのに便利であったので、二上山の東西両麓には多くの石工が住み、石作部《いしつくりべ》を組織して石器を作った。二上山は『ふたかみやま』と呼ばれ、神霊の宿る霊峰と仰がれてきた。古代の人々は竹内街道を往来する間、見え隠れするこの霊峰に限りない親しみと崇敬の念をもった。また、大和の国の人は夕陽に沈むこの山に暮れゆく日を惜しみ、河内の国の人は太陽の昇るこの山を希望をもって仰いだことであろう。」とある。

　橿原神宮前から近鉄南大阪線に乗り継ぎ、橿原神宮西口を過ぎるころ、二つコブの二上山が前方に浮かび上がってくる。二上神社口駅で下車し、「二上山三・〇キロ」の道標に従い、国道一六五号線を横断すると「二上登山口〇・二キロ」と出て加守《かもり》神社に着く。

　ここが登山口で、ヒノキと竹林の間にしっかりとした道が延びている。いきな

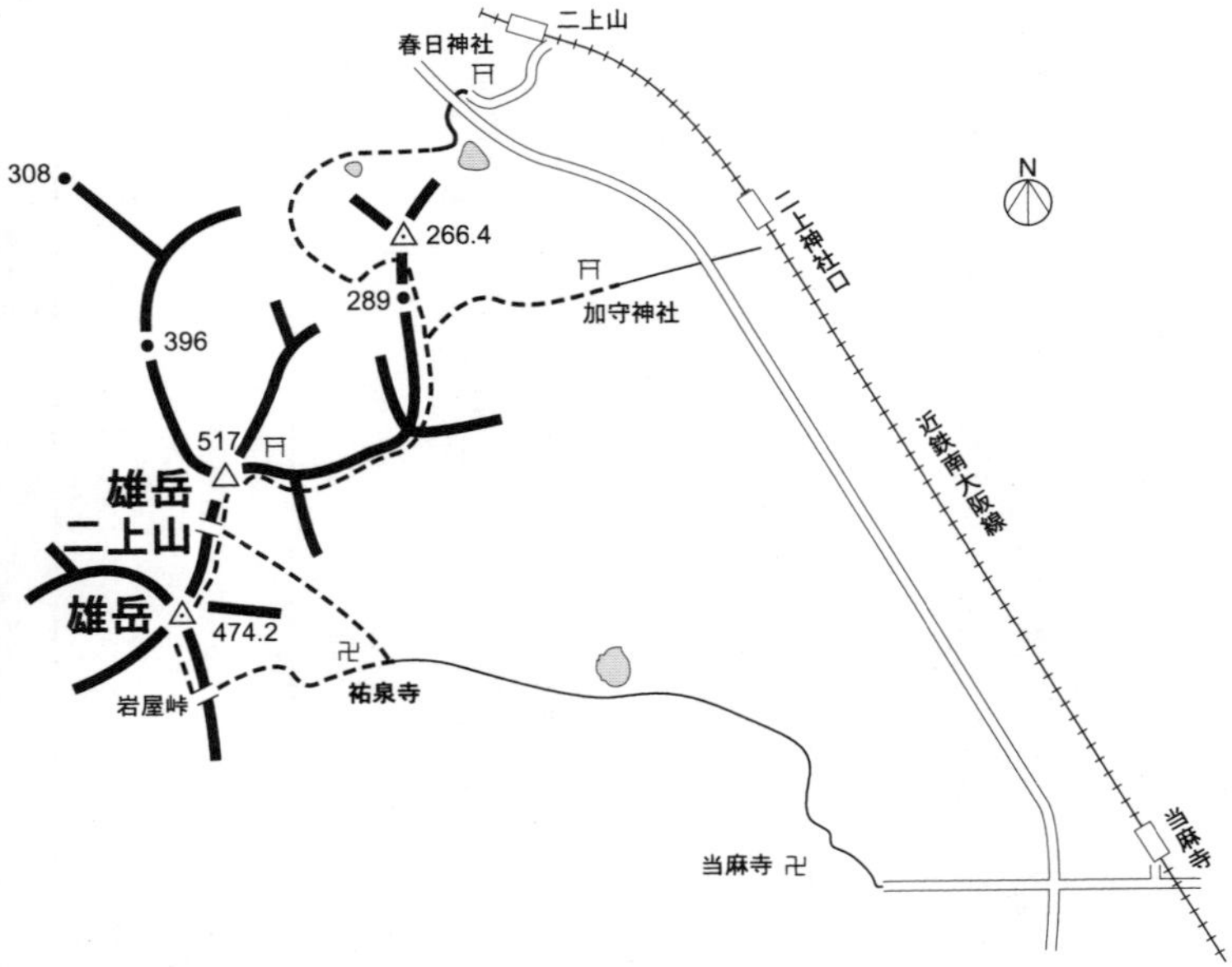

二上山

『日本名山図会』（谷文晁著）の二上山、大阪側から描いたものと思われる。

り急登が始まり、ジグザグを切って支尾根に抜けると雑木林のトンネルとなる。春日神社からの道と合流すると「二上山〇・九キロ、二上山駅二・〇キロ」と道標が出る。鉄の梯子が付けられた急坂が続くが、桜の花びらが山道に落ちて心がなごむ。少し緩い登りになると木々の間から三輪山、音羽山、御破裂山が望め、奈良盆地が見下ろせるようになると、もうそこが雄岳頂上である。ここで美化協力金二〇〇円を払う。

山頂には天武天皇の皇子・大津皇子の二上山墓と葛木坐二上神社（文と武の神、縁むすびの神とされている）がある。樹木に邪魔されて山頂からの展望はいま一つ。雌岳へと向かう。南の急な下り道を進むと、雌岳の山頂が眼下に見え、その彼方には葛城山と金剛山が重なって大きく裾を広げている。鞍部に着くと茶店があった。ここから五分ほど階段を登ると雌岳の山頂である。ベンチとテーブルが備え付けられ、東側にはあずまやもある。雌岳の展望は雄岳よりよい。南は葛城山と金剛山、東は奈良盆地の大和三山、その彼方に三輪山から巻向山、大和富士とも呼ばれる額井岳、音羽三山から龍門岳が望める。昼食をとるにはこちらの山頂の方がいいだろう。山頂の中心には三角点（点名『女岳』）と日時計がある。

この日時計は、NHKの『知られざる古代』という番組（一九八〇年二月一一日放映）がきっかけとなり設置されたという。この番組の中で奈良県箸墓を中心に淡路島の伊勢の森から、大鳥神社、日置荘、二上山、箸墓、桧原神社、三輪神社、長谷寺、室生寺、倶留尊山、太郎生、大洞山、堀坂山、斎宮跡、伊勢神宮、伊勢湾の神島までが北緯34度32分の線上にあって、太陽崇拝および山岳信

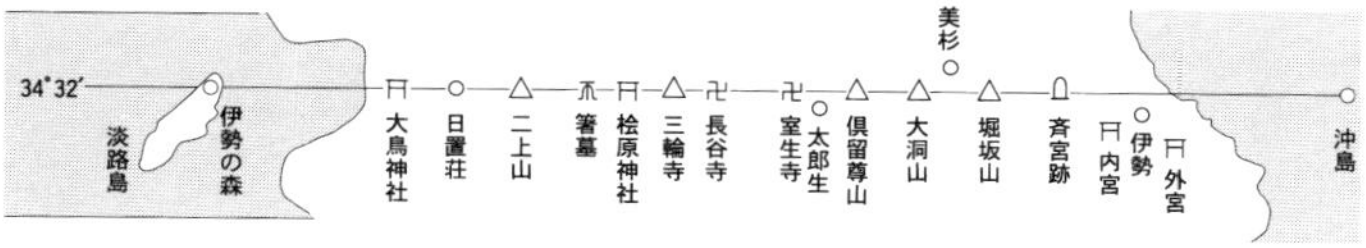

仰と何らかのつながりがある古代祭祀遺跡が並んでいるという不思議な事実が紹介された。

この東西の線は「太陽の道」と呼ばれ、二上山の雌岳もこの線上に接近しているため御来光を拝するには格好の場所である。このような神秘的な事実や、太陽と生活との関わりを思いおこさせるものとして、日時計がこの山頂に設置されたという。

茶店のある鞍部に戻り、『祐泉寺〇・九キロ』の道標に従い、東へ下る。すぐに沢通しの道となり祐泉寺に着く。ここは岩屋峠への分岐点でもある。鳥谷口古墳を見て当麻山口神社の前を通り当麻寺奥院でぼたんを観賞して当麻駅へと向かった。

（96・5・6）

▼最寄駅：近鉄・二上神社口・当麻

▼参考タイム：近鉄二上神社口駅（15分）登山口（25分）二上駅からの道と合流（25分）雄岳（10分）馬ノ背（5分）雌岳（3分）馬ノ背（30分）祐泉寺（40分）近鉄当麻駅

二上山駅より

近鉄二上山駅前の踏切（上ノ太子第一五号）を渡り、線路沿いに南へ進むと、道は右にカーブする。そのまま町中を歩き、畑七丁目で右に折れる。坂を登って行くと春日神社に着く。国道三〇号線沿いに右へ少し進んで歩道橋を渡ると香芝市畑配水場、その先の上ノ池の横が登山口でコマーシャル入りの道標が建っている。

一㍍幅の歩きやすい道が灌木帯の中に延びている。新池を過ぎるとスギ林になり谷筋に付けられた道は右岸、左岸と三、四回渡る。二俣で左に入り途中、左上の山道に入る。支尾根を巻くようにして尾根上に出る。尾根の少し左に近鉄の反射板と四等三角点（二六六・四㍍）がある。マツと灌木の緩い登りで左下には樹林の隙間から高田市周辺の町並みと田圃が見える。やがて二上神社口からの登山道と合流する。ここからは雄岳、雌岳へは前述の二上神社口のコースと同じである。

雌岳の南端から岩屋へ下る遊歩道がある。正面に岩橋山、葛城山、金剛山の重なりから遠くの岩湧山へ続く山並みを眺めながら下ると万葉広場からの道と合流して岩屋峠に出る。やがて左の小さい沢からの出合いの水場で咽を潤し祐泉寺に向かう。もうここからはきれいな道を当麻駅へと向かうのみである。

（96・11・3）

▼最寄駅：近鉄・二上山、当麻

▼参考タイム：近鉄二上山駅（20分）登山口（25分）近鉄の反射板と四等三角点（10分）二上神社口からの道と合流（25分）雄岳（10分）馬ノ背（5分）雌岳（10分）岩屋峠（10分）祐泉寺（40分）近鉄当麻駅

地質学上貴重な山

二上山は、雄岳と雌岳の二峰からなるトロイデ式火山である。また、この山は狭い範囲に何種類もの火山岩類が見られることから、地質学上貴重で、数多くの研究者が訪れている。この二上山は、今から一五〇〇万年ほど前（地質時代では「新生代　第三紀　中新世」という）の火山活動によって噴出した溶岩や火山灰によってつくられており、噴出後の地殻変動や浸食によって、ほぼ現在の形になった。

二上山には、鹿谷寺付近をはじめ、どんづる峰などいたる所に、火山灰が堆積してできた凝灰岩《ぎょうかいがん》が見られる。この凝灰岩は、やわらかく細工がしやすいことから、古く石器時代から人々の生活に利用されてきた。古墳時代の石棺や石槨《せっかく》（高松塚をはじめ、明日香村の諸々の古墳）さらには、川原寺・薬師寺・法隆寺などの礎石や基壇の石にも利用されている。遠くは平安京の造営にも使われたようである。

（『奈良点描1』長田光男編）

ダケノボリの習俗

浦西　勉

当麻町の二上山をダケさんと呼ぶ。この山に、毎年四月二十三日に近郷のダケノボリ・ダケマイリと称して登る習俗がある。

かつて、この日に二上山へ登る村々は、「二上山の影になる村々がダケノボリをする」という伝承がある。実際は、二上山麓から離れた村では山登りはせず二上山の見える池の堤で一日過ごすのが大方の習俗であったのだろう。 江戸時代後期の『西国三十三名所図会』によると次の通りである（当麻町史編集委員会『当麻町史』所収、一一五頁、昭和五十一年）。

二上嶽（中略）

葛木二上神社二座

　二上山の男嶽の絶頂にあり今権現と称する延喜式神名帳ニ出

　例年三月廿三日薩州より修験者きたり当麻寺の僧侶と倶ニ護摩供を修法す是此近村より請して五穀成就の祈りをなすと聞ゆ此日ハ山上に酒の上温肴の煎売或ハ覗きからくり放下師なんど出て賑わし隣村の老若男女嶮岨をことともせず戯れ登りて群集す此旬の法会といふべし

当時の様子が少しわかるが、これ以前のダケノボリの記録は見出せない。

『妣なる山に祈る』山村民俗の会編

岩橋山（六五八・八メートル）

地形図 二万五千分の一「御所」「大和高田」

『大和青垣の山々』（奈良山岳会編）によると岩橋山の由来が次のように紹介されている。

「葛城の一言主（ひとことぬし）神にまつわる『岩橋』の伝説はおもしろい。日本名勝地誌に『山中奇岩多く、有名なる岩橋のごときはこれが魁（くわい）たるものなり、白木村（大阪府）平石より東南二十町のところにあり。橋の長さ七尺幅五尺ばかりにして、片端かけ落ちたるもののごとし。俗に伝へて言ふ、一言主神、夜間この橋を作り、工なかばに至らずして止みしものなり。…』とある。この文章から察すると、岩橋はこの山の西側にあることになるが、まだ探訪したことがないので、どんなものなのかわからない。」

金剛山、葛城山の衛星峰的な岩橋山は南側が急峻、北側が放物線を描くように平石峠へ落ちているので金剛山、葛城山よりも独立峰に見える。金剛山、葛城山は岩橋山より高く山容も大きいが山姿が個性的ではない。近鉄橿原神宮から大阪線に乗り換え、尺土駅が近づくころ、金剛葛城山脈の北端に位置する岩橋山が大きく見え出す。磐城駅で降り、竹内街道を西へ、岩橋山が大きく迫って来る。県道三〇号線の信号で左に折れ南へ、竹内、当麻イトーピア、兵家のバス停を過ぎ、大字太田案内板の先に「弥宮の丘〇・六キロ、伏越一・六キロ」と道標が出るのでそれに従う。二俣で弥宮の

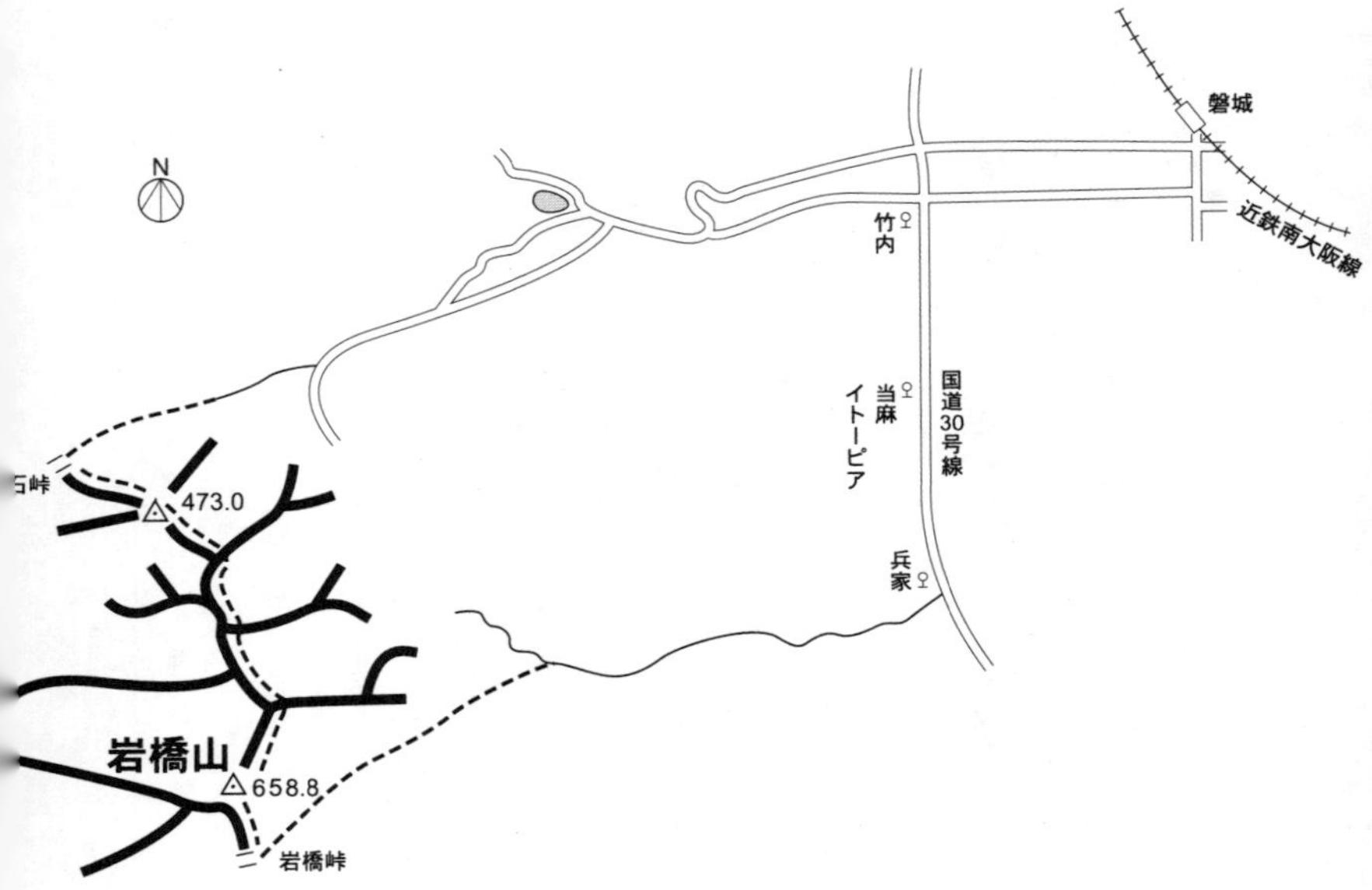

丘への矢印に従う。次の二俣で「伏越一・三キロ」とまた道標が出る。

太田の集落を抜けると周りは田圃で稲刈りの最中であった。右の小高い台地に火葬場が見える。これを過ぎると太田川の左岸に付けられた車一台がギリギリ通れる舗装路に変わる。スギ林の道になるとひんやりとして気持が良い。左の林道を見送り、右へ回り込むようにして台地へ登ると菊畑がある。「岩橋山、伏越」の道標に従い、進んでいくと五分ほどで地道から山道となる。「岩橋山一キロ」の道標、案内板ハイキングマップ、水場があり、この道は岩橋山歩道と呼ばれている。沢を五、六回渡るがすべて鉄製の手すりのついた橋であった。

ツリフネソウ、ノコンギク、ヤマシロキクが咲き、山道に沢蟹が出てきたりした。

岩橋山

岩橋山　当麻町役場前より

稜線が近づくとその下を巻くようにして北上し、左へ回り込むと、岩橋峠である。南の「葛城山へは五・一キロ」と道標がある。急な木の階段登りを樹間から当麻町を見ながら登りきると岩橋山の山頂。東側はヒノキ林、西側は自然林に囲まれていて展望はない。ここから平石峠までは一・七キロ、滑りそうな急な下りの箇所が所々ある。

この縦走路はダイヤモンドトレールとしてよく整備されているので安心して歩ける。当麻町への分岐点を過ぎると西側が開け、富田林の丘陵地帯が望めるようになる。途中、山道脇のヒノキ林に四等三角点（四七三・〇㍍）を確認して、送電線（御坊幹線）の鉄塔（№二二二）を左に見ながら平石峠に着いた。

「大和への古道　この道は奈良県竹の内に通ずる。古来、河内、和泉の人びとが、当麻寺、長谷寺、大峰山、伊勢神宮への参詣に通った道である。標高三七八㍍。河南町教育委員会」と立札があった。この峠の西側は葛城二十八宿第二十四経場で役ノ行者と不動明王が祀られていた。

平石峠の役の行者像

東へ沢通しに五分ほど下ると堰堤があってすぐ林道に出た。伏越林道出合を過ぎると竹内街道を行き来する車が見え出す。どんどん下って上池から竹内街道に抜け磐城駅へと向かった。

（96・10・19）

▼最寄駅：近鉄・磐城

▼参考タイム：近鉄磐城駅（35分）大字太田案内板（25分）岩橋山・伏越分かれ（40分）岩橋峠（15分）岩橋山（30分）平石峠（5分）林道に出る（25分）竹内街道に出る（30分）近鉄磐城駅

竹内街道

推古天皇二十一年（六一三）に難波と飛鳥京の間におかれたこの街道は、飛鳥時代に我が国最初の官道として栄え、大陸からの文物を大和飛鳥にもたらしました。峠の北東にある万歳山城などが中世の城塁址で、このあたりを駆けめぐった大和武士たちの夢を偲ばせています。中・近世には、伊勢、長谷参詣が隆盛し、茶屋、旅籠が峠を行く人々の旅情を慰めました。竹内街道の風景には多くの文化人たちが筆をとり、貞亨五年に松尾芭蕉が河内に向かい、幕末嘉永六年に吉田松陰が竹内峠を経て儒者を訪ね、文久三年には天誅組の中山忠光等七名が志果せぬままここに逃走しています。　（竹内街道にある案内板より）

葛城《かつらぎ》山（九五九・二㍍）

地形図　二万五千分の一「御所」

「花一色　葛城山頂のツツジ満開」と朝日新聞（一九九六年五月二五日付夕刊）に載っていた。そして、その日のNHKテレビ「ちょっといい旅『田の水に神やどる里・御所市』わらの大蛇が町を行く」で葛城山の麓の様子を放映していたので、翌日、さっそく出掛けてみた。

近鉄尺土駅で御所線に乗り換えると登山スタイルの人達で満席である。終点御所で葛城ロープウェイ行のバス乗り場へ向かうと、すでにバス一台分以上の人々が並んでいた。二台目の臨時バスに乗れたものの櫛羅の信号で大渋滞、ロープウェイの駐車場はすでに満車で、一般車は進入禁止になっていた。このため、葛城ロープウェイまで一時間以上も掛かってしまい、そのうえ、ロープウェイに乗るのに「待ち時間（二時間）」と立看板があるからびっくり。ロープウェイ駅横の「くじらの滝・四五〇㍍」の道標に従い歩きだす。堰堤の手前で左岸から右岸に渡りそれを高巻く。この登山道も数珠繋ぎの人で、急坂の所では停滞してしまう。やがて「くじらの滝」に着いた。落差一〇㍍ほどである。

案内板によると、弘法大師が、天竺のクジラの滝によく似ているので、供尸羅（クジラ）と名づけたが、領主の永井信濃守が「供に屍」の字を嫌い、供尸の二字を櫛と改めたという。尼ヶ滝又は不動滝とも呼ばれ、この滝に浴するものは不動明王の功徳によって脳病によく効くといわれている。昭和五七年（一九八二）の災害により、滝つぼ等が崩壊したが、平成元年に修復されたという。

　左上のヒノキ林を巻いてくじらの滝の上部に出る。右岸から左岸に渡り鉄製の階段を登り、しばらくすると落差七㍍ほどの二ノ滝（行者の滝）が現れる。これを見てヒノキ林の遊歩道を登るとトラバース気味になりジョウモンノ谷の水流も細くなり源頭に近づいた。「ロープウェイ山上駅二〇〇㍍、国民宿舎七五〇㍍」の道標の所で左へ、尾根に出て稜線に抜けるとツツジ園、ちょうど満開で金剛山の緑をバックに見事に咲き誇っている。ツツジを観賞して国民宿舎の横の階段を登り高原状の山頂に着いた。二等三角点（点名篠峯《しのみね》山《やま》）があり、展望は良く、東に音羽三山から龍門岳、南にはどっしりと金剛山が控えている。

　下りは、売店の並ぶ広い舗装路を葛城山上駅へと向

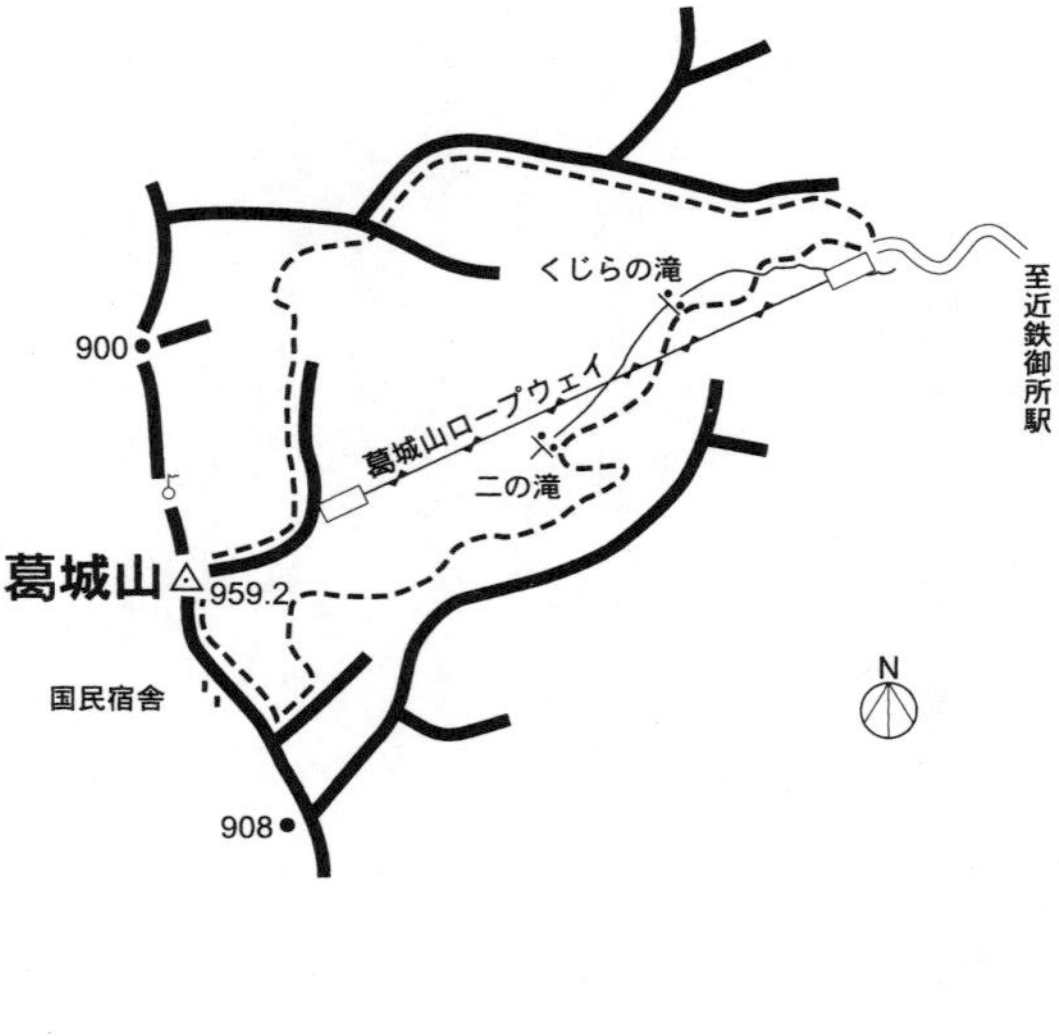

からと右下に婿洗いの池が見える。池を見た後、東側の自然研究路（尾根道の方）を下る。自然研究路ということでここでは歩きながら、自然に対する知識が増やせる。案内板によると「アカマツは荒地に生える植物で、山を自然のままにしておくと、だんだん土が肥えてきて、植物がアカマツを追い出すようになる。アカマツは、いつも荒地に生えて、その土地を豊かにするという。この辺りの土地もかなり肥えてきたので、この木を最後にアカマツの姿は消えてしまう」という。

そして「葛城山の南は、生駒金剛《いこまこんごう》山地で一番高い金剛山（一一二五㍍）が聳え、北側には、もと火山の二上《にじょう》山があり、大和川を隔てて信《し》貴《ぎ》山、生駒山が連なり、飛鳥奈良時代にはヤマト政権を外敵から守る自然の砦であった。葛城山と二上山との竹ノ内街道は大阪湾と結ばれ、大陸文化が入ってきた道でもある」という。

また、「葛城山から見える奈良盆地には、長方形の水田が一面に広がっているが、ヤマト政権が六四六年に水田の区画整理をした条理制が今に残っているものという。至るところにため池が見えるのは雨水をためるためにつくられたものであるという。当時の土木技術では大きな川から水を引くことが出来なかったのである。米作りが最も重要な産業であ

『日本名山図会』（谷文晁著）の葛城山

るヤマト政権の経済的な基盤であった」という。

案内板を読みながら下るとカントリ谷のつり橋の所に出た。谷をまたぐとトラバース気味の登りとなり、支尾根を越える地点に電柱がある。しばらくは左にヒノキ林が続き、やがて溝状にえぐられた道となる。この道は急坂だから、降雨でどんどん削られたのだろう。これを下りロープウェイの葛城登山口に出た。

なお、葛城山は、昔は大和側では戒那山、貝原益軒の『南遊紀行』には「葛城（金剛山）の北にある大山をかい那が嶽という、河内にては篠峰《しのがみね》と号す」とあり、また三角点名は「篠峯」となっている。天神山の別称もある。

（96・5・26）

▼最寄駅：近鉄・御所

▼参考タイム：ロープウェイの葛城登山口（10分）くじらの滝（25分）二ノ滝（40分）ロープウェイ山上駅・国民宿舎分岐点（15分）ツツジ園（5分）葛城山（5分）東側の自然研究路（尾根道）の下り口（20分）つり橋（40分）ロープウェイの葛城登山口

高尾張邑《たかをはりのむら》に、土蜘蛛《つちぐも》有り。其の為人《ひととなり》、身《むくろ》短《みじか》くして手足《てあし》長《なが》し。侏儒《ひきひと》と相類《あいに》たり。皇軍《みいくさ》、葛《かづら》の網《あみ》を結《す》きて、掩襲《おそ》ひ殺しつ。因《よ》りて改《あらた》めて其の邑《むら》を號《なづ》けて葛城《かつらぎ》と曰《い》ふ。

（『日本書紀』）

飛鳥川《あすかがは》　もみち葉流る葛城の　山の木《こ》の葉は　今し散るらし

巻一〇―二二一〇

葛城の高天《たかま》の草野《かや》
　早や領《し》りて
　標指《しめさ》さましを
　今ぞ悔しき

千二、三百年まえの万葉の時代、この山を見上げてうたった恋の歌です。「葛城山の高原の草原を早く自分の領地として示しておけばよかったのに、今はそれを悔いている。」と恋する人に自分の気持を伝えなかったことを悔いたものです。

（案内板より）

金剛山《こんごう》（一一二五㍍）

地形図 二万五千分の一「五條」「御所」

近鉄御所駅前の一番乗り場から五條バスセンター行の奈良交通バスに乗る。右車窓前方に見えた金剛山が真横に見えだす鳥井戸バス停で下車。バス停北の信号を西へ向かう。舗装路を登っていくと正面に三角のおにぎりのような白雲嶽と湧出岳の展望塔が望め、北に丸い葛城山が浮かび上がって来た。登るにつれて東に音羽三山と龍門岳が望めるようになり、葛城の道に出て、左へたどると西側には吉野の山々も浮かんで来る。

「神話の里・高天ヶ原、高天」の標識で右に入る。しばらくして車道に出る。車道が右に曲がる地点でスギ林の中へとまっすぐに延びている一㍍幅のコンクリート道に入り、S字状に曲がる地点で地道となる。やがて登りが緩くなると田圃が現れ、前方にスギ並木、その奥に高天彦《たかまひこ》神社が見える。御神体は背後にある白雲嶽であると言う。この神社は延喜式の大和、葛上郡十七座の一つで、天孫降臨の舞台・高天ヶ原と伝承されている場所である。

高天彦神社から左へツリガネニンジンが咲く一・五㍍幅の舗装路は、高天谷沿いに付いている。その道に入ると正面に高天滝（約八㍍）が現れ、滝の右岸下に不動さんが祀られているので不動滝とも呼ばれている。ワラジ履きのパーティが遡行の準備をしていた。この谷は大小の滝があって沢

金剛山

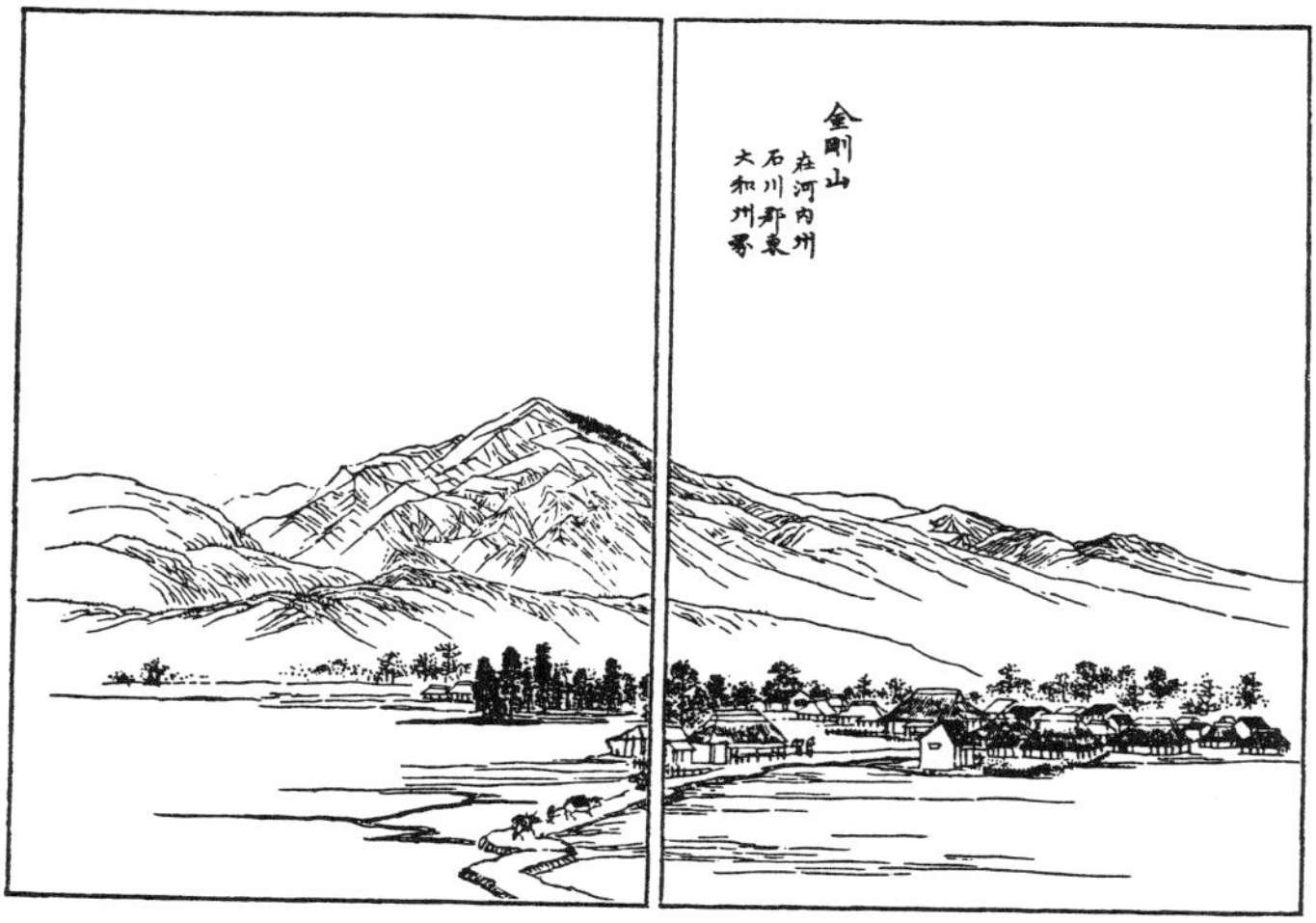

『日本名山図会』（谷文晁著）の金剛山

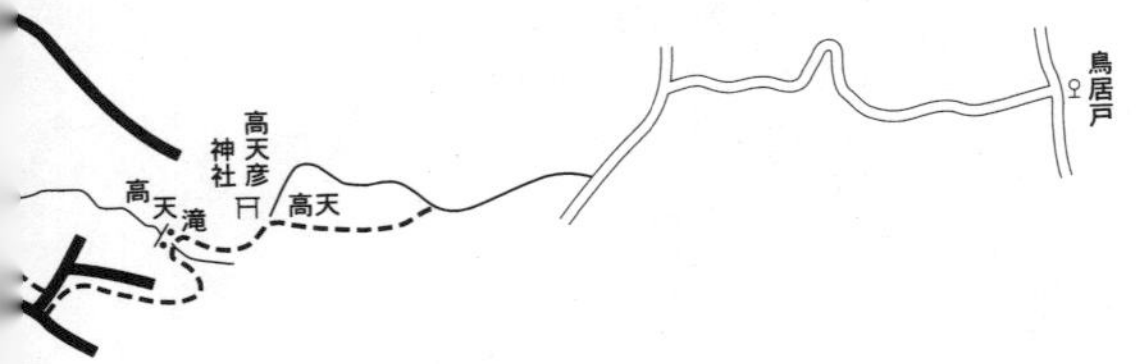

登りが楽しめるそうだ。滝の前の木橋を渡ると、ジグザグの急坂が続く。この道は郵便道と言われ、昭和一〇年（一九三五）から終戦の昭和二〇年まで、鎌や屶を腰にした郵便屋さんが通ったという。右下は高天谷が切れ落ちているが、植林で埋まっているので高度感がない。対岸右上には白雲岳が徐々に迫ってくる。足元にはヤマホトトギスが時々見られる。

高天谷を右下に見ていた道が左へ折れるようにして離れると、このコースでは一番苦しい登りとなる。それをグイグイ登ると水越峠からの広い道と出合う。ここから二〇〇㍍ほどで鳥居、稜線に抜けると金剛山展望塔（高さ二五㍍）と葛城第二一経塚があり、その奥のピークが湧出岳（一一一二・二㍍）で、一等三角点があるが展望はない。

先ほどの鳥居まで戻り、スギ並木の広い舗装の道を登ると表参道と裏参道に分かれる。裏参道側がブナ林で北に葛城山が望める気持のいい場所なので、ここで休憩する人達が多い。参道を登っていくと金剛山最高地点（一一二五㍍）に金剛葛木神社がある。葛木一言命を祀るが、現在では後醍醐天皇や大楠公も祀られている。最高峰から西へと向かう。夫婦杉を過ぎると転法輪寺（金剛山寺）で「御本尊は法起（宝基）大菩薩、御利益は五穀豊饒、悪虫退散、米を造り、人を造り、家を造り、人間の幸福を守らせ給う。」とある。

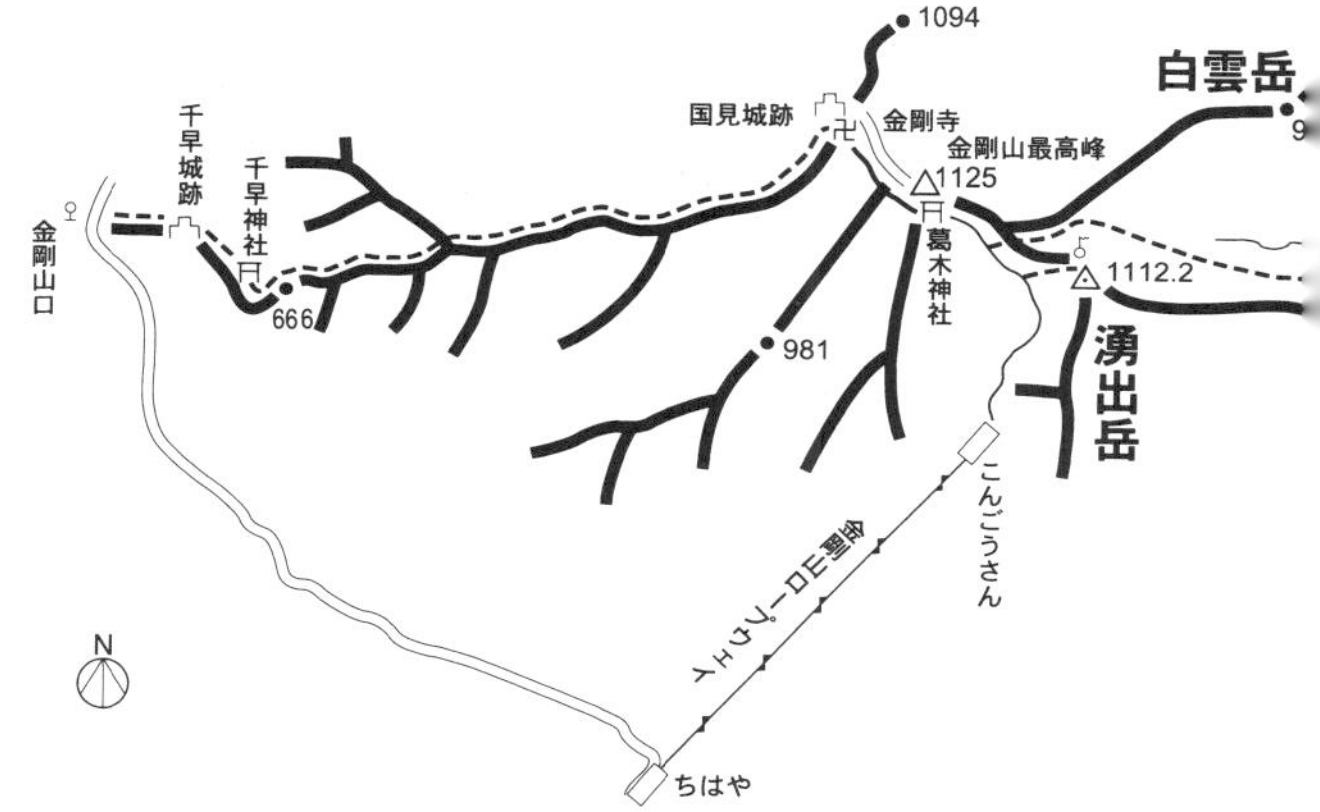

境内は賑やかだ。金剛錬成会員五〇〇回以上参拝者名板が掲げてあって、登山回数捺印所もある。その横の台地が国見城跡で、摂津、河内、和泉をはじめ八ヶ国を見渡せることから国見の名があるという。金剛山要塞の総指令部として楠七郎正季が吉野と千早とを連絡したところだと言われている。

下りは千早本道（千早城跡二キロ、バス停三キロ）を

高天滝から沢登りをする人達

行く。急な下りは階段となっていて、手すりもある。のろし台（一本木茶屋）を過ぎ、次の分かれでフロノ谷への道を見送り、尾根道を進む。少し登って水平の道となる。支尾根の末端には休憩所があり、そのまま行くと千早神社となり、下の台地が千早城跡だ。

金剛山より西に走る支尾根の先端のくの字形の地形を利用して構築された城である。馬の背のような長さ二八〇㍍の山領部の台地、五、四〇〇平方㍍を四段階に区画して、陣屋敷とし、正面の山稜には、防備上構築された袖曲輪の跡もある。城の周囲は後方金剛山に通じる山径を除き、千早川、妙見谷、風呂谷、北谷は堀の役目をなし、斜面一〇〇㍍―二〇〇㍍の急峻な絶壁は石垣の役目をなし、山城として恵まれた地形である。

今はその台地に千早城跡茶屋がある。千早城跡から石の階段を下り、車道に出て右を見ると金剛登山口バス停であった。金剛山の名は、金剛山転法輪寺が建った後に呼ばれるようになった。それ以前は金剛山・葛城山の二つを含めて葛城山と言われていた。

（97・8・24）

▼最寄バス停：奈良交通・鳥井戸、金剛バス・金剛登山口

▼参考タイム：鳥井戸バス停（1時間）高天彦神社（7分）高天滝（1時間20分）水越峠からの道に出る（5分）鳥居（10分）湧出岳（15分）金剛葛木神社（5分）転法輪寺（30分）のろし台（一本木茶屋）（25分）千早城（15分）金剛登山口バス停

高天彦神社　　御所市高天

御祭神　高皇彦霊尊《たかむすびのみこと》

由緒　天照大神の子の天忍穂耳尊《あめのおしほみみのみこと》に、本社の御祭神の娘、栲幡千々姫《たくはたちぢひめ》が嫁ぎ、御子の瓊々杵尊《ににぎのみこと》が高天原から降臨される。その神話にいう高天原が、この台地である。御祭神を祖神とした葛城族は大和朝廷に先行する葛城王朝を築き、亡びた後も平群、巨勢、蘇我の豪族として栄えた。延喜の制では、名神大社と列し、月次・相嘗・新嘗には、官幣に預ってきた神社である。

平成二年一二月吉日　　御所ライオンズクラブ

あとがき

奈良と京都との中間地点である城陽市は、昔は京へ五里、奈良へも五里で「五里五里の里」と言われてきました。その城陽に住む私にとって京都北山と奈良盆地周辺の山へ出かけるのは同じぐらいの時間で行けますから、私としては地元の山という感覚です。近くの木津川の土手からは、芳山と花山が望め、国道二四号線を少し南へ行きますと、くじらの背のような生駒山が浮かんで来ます。

小学校の高学年のころ生駒山に初めて登り、登山が自然を舞台としたスポーツであるということが分かり始めてからは、昭和三五年（一九六〇）に兜岳と二本ボソに、翌年には三峰山から高見山に登りました。その後も奈良盆地周辺の山々を登り続けてきましたが、その頃の私のノートには日付と山名だけしか記されていませんでした。

今回、改めて奈良盆地周辺の山に一年半ほどかけて丁寧に登り、記録しました。この間、いつも同行してくれるのは妻の昌子です。彼女は一九七四年マナスル（八一六三㍍）に女性として初めて八〇〇〇㍍峰に登っていますから、山を見る目も確かです。その目で私の山行を助けてくれました。また奈良市在住の柏木宏信氏にもお世話になり、一等三角点研究会会長の三谷忠男氏には貴重な写真をお借りしました。皆様のお陰げでなんとかまとめることができました。

この奈良盆地周辺の山々を登っている間に還暦を迎えました。昔と違って現在の高齢者社会では、六〇歳はまだまだ現役でなければなりません。これからも頑張ってよい山行を続けて行くつもりです。

なお、本書カバーの油絵、本文のスケッチやカット、口絵の写真は私が描いたり、撮ったものです。自己流ですから専門家の目から見れば、おかしなところがあると思いますが、私の山への思い入れの深さでご勘弁願えれば嬉しいかぎりです。

本書の出版にあたっては、ナカニシヤ出版中西健夫社長の助言と提言をいただきました。また、編集の福迫章子さんには終始大変お世話になりました。ありがとうございました。

一九九九年秋

内田嘉弘

参考文献

古事記　日本古典文学全集　校注・訳者　荻原浅男、鴻巣隼雄　小学館　昭48・11
日本書紀　日本古典文学体系　校注者　坂本太郎、家永三郎、井上光貞、大野　晋　岩波書店　昭42・3
万葉集　日本古典文学全集　小島憲之、木下正俊、佐竹昭広校注　小学館　昭46・1
今昔物語　日本古典文学全集　馬場和夫校注　小学館　昭46・7
大和路　こころの旅路　榊原幸一　勁草書房　平6・4
新釈日本史　邦光史郎　徳間文庫　平7・10
万葉のふるさと　高田　昇　保育社　昭43・12
太子町・当麻の道　金本朝一　綜文庫　昭53・5
神々と天皇の間　鳥越憲三郎　朝日新聞社　昭45・5
奈良県の山　小島誠孝　山と溪谷社　平7・6
解題日本名山圖會　佐藤武雄　山と溪谷社　平2・5
万葉の山を行く　新井　清　ナカニシヤ出版　昭57・4

参考文献

古代を歩く　和田嘉寿男　和泉書院　平5・10
関西山越の古道（中）　中庄谷　直　ナカニシヤ出版　平7・10
江戸百名山図譜　住谷雄幸　小学館　平7・11
山を歩けば　共同通信社編　共同通信社　平6・11
奈良点描1・2　長田光男編　清文堂出版　昭58・5
大和青垣の山々　奈良山岳会編　大和タイムス社　昭48・8
ひそかなる時の流れに――石の仏（西日本編）　小川剛弘　そしえて　平3・1
妣《はは》なる山に祈る　山村民俗の会　エンタプライズ　平2・11

奈良盆地をめぐる山　概念図

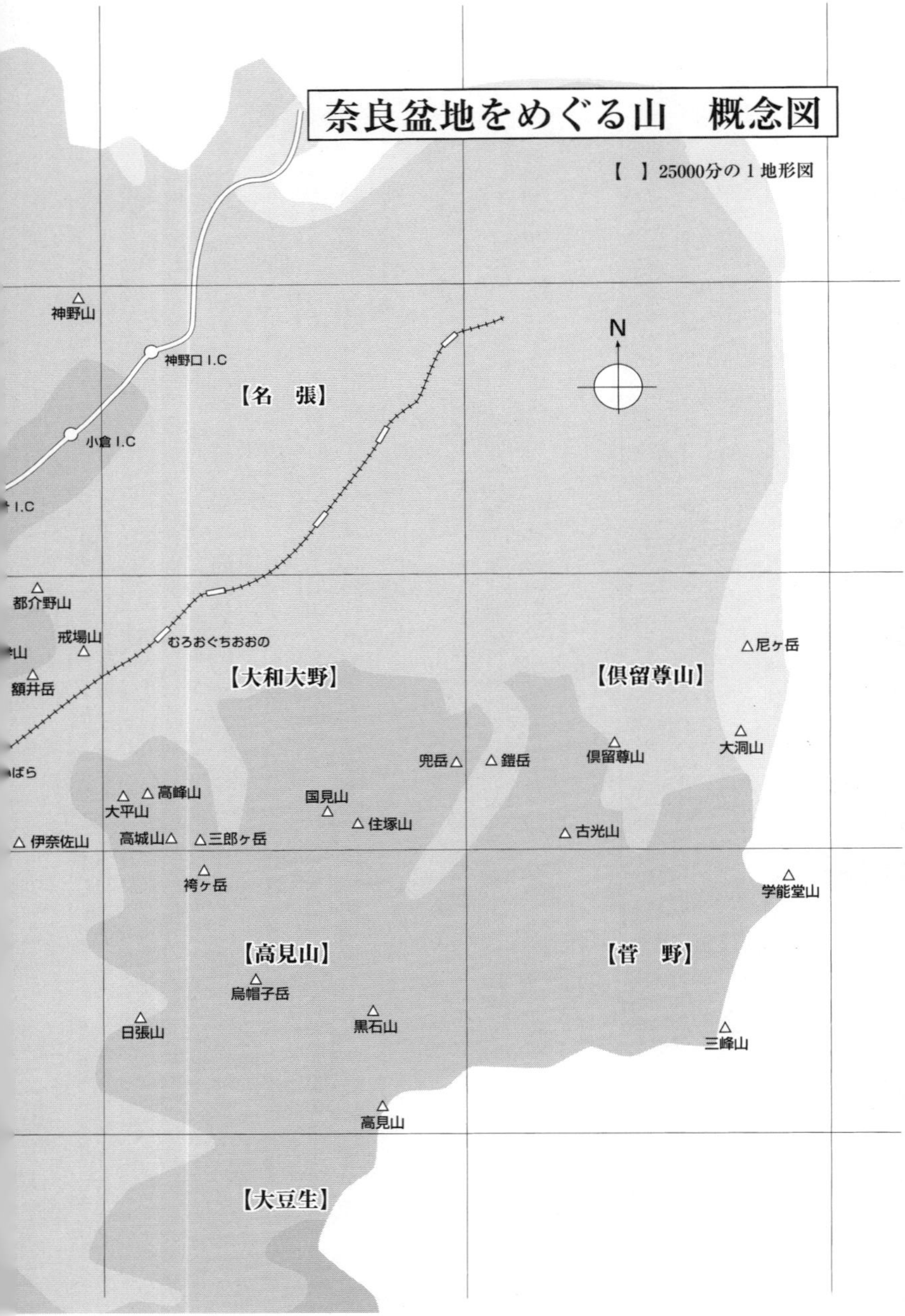
【　】25000分の1地形図
N
神野山
神野口 I.C
小倉 I.C
【名　張】
都介野山
戒場山
額井岳
むろおぐちおおの
【大和大野】
尼ヶ岳
【倶留尊山】
大洞山
倶留尊山
兜岳
鎧岳
高峰山
大平山
国見山
住塚山
古光山
伊奈佐山
高城山
三郎ヶ岳
袴ヶ岳
学能堂山
【高見山】
【菅　野】
烏帽子岳
日張山
黒石山
三峰山
高見山
【大豆生】

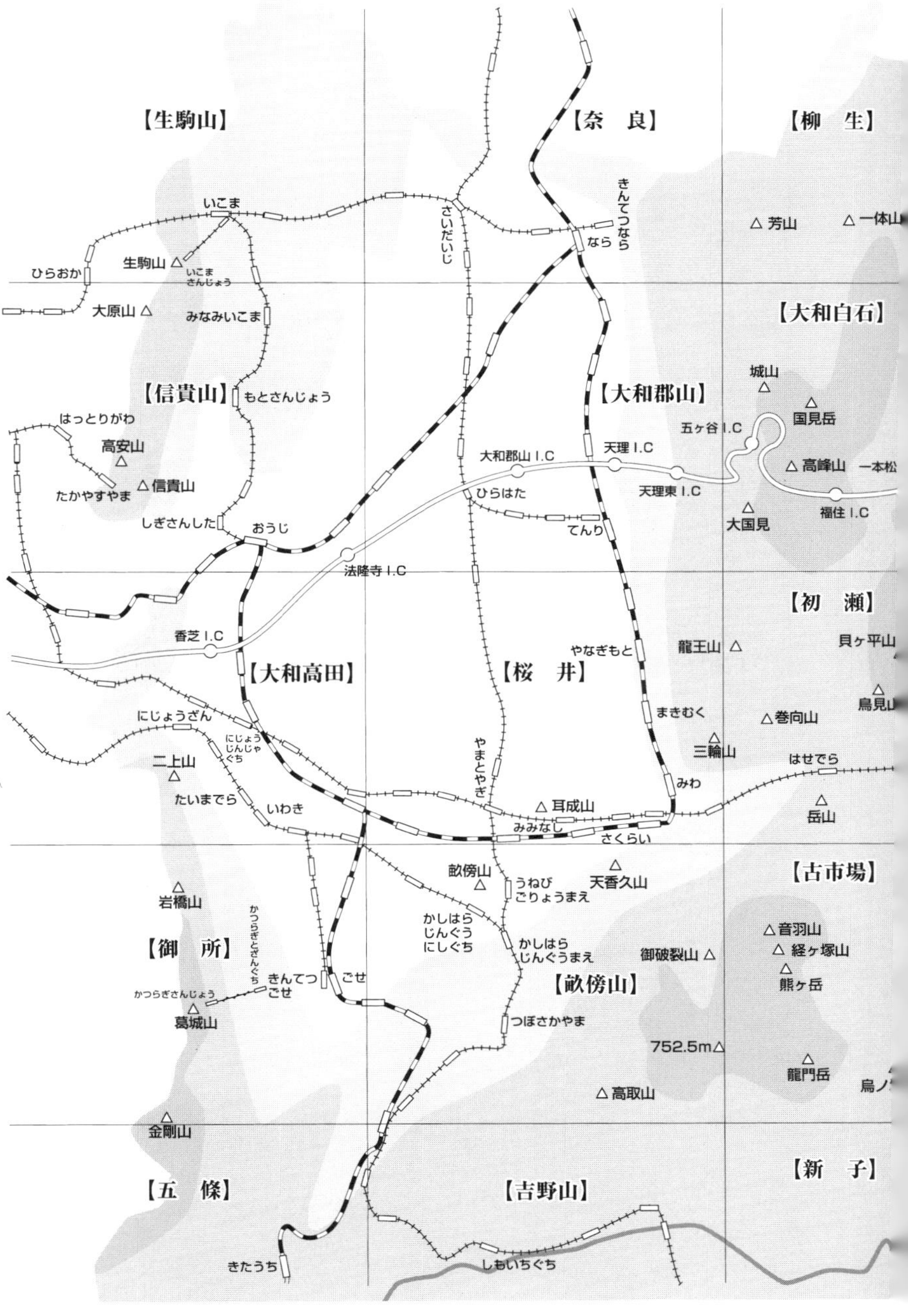

【生駒山】
【奈　良】
【柳　生】
きんてつなら
なら
いこま
さいだいじ
芳山
一体山
ひらおか
生駒山
いこまさんじょう
大原山
みなみいこま
【大和白石】
城山
国見岳
【信貴山】
もとさんじょう
【大和郡山】
はっとりがわ
五ヶ谷 I.C
高安山
大和郡山 I.C
天理 I.C
高峰山
一本松
たかやすやま
信貴山
ひらはた
天理東 I.C
福住 I.C
大国見
しぎさんした
おうじ
てんり
法隆寺 I.C
【初　瀬】
香芝 I.C
やなぎもと
龍王山
貝ヶ平山
【大和高田】
【桜　井】
鳥見山
にじょうざん
まきむく
巻向山
にじょうじんじゃぐち
三輪山
はせでら
二上山
やまとやぎ
みわ
たいまでら
いわき
耳成山
岳山
みみなし
さくらい
【古市場】
畝傍山
うねびごりょうまえ
天香久山
岩橋山
かつらぎとざんぐち
かしはらじんぐうにしぐち
音羽山
経ヶ塚山
【御　所】
かしはらじんぐうまえ
御破裂山
熊ヶ岳
きんてつごせ
ごせ
【畝傍山】
かつらぎさんじょう
葛城山
つぼさかやま
752.5m
龍門岳
高取山
金剛山
【新　子】
【五　條】
【吉野山】
しもいちぐち
きたうち

◎**著者略歴**

内田 嘉弘（うちだ・よしひろ）

1937. 京都市に生まれる
1957. 山登りを始める
1962. 立命館大学法学部卒業
1972. 韓国智異山（1915 m）韓新渓谷冬季初遡行
1975. パキスタン・プリアンサール(6293 m）初登頂
1977. コムニズム峰（7495 m）登頂
1986. 中国・太白山（3767 m）登頂
1987. ポポカテペトル（5452 m）直登
1992. モンゴル・ツァンバ・ガラブII峰（4200 m）登頂
1998. カムチャッカ・アバチャンスキー（2741 m）登頂
1999. イラン・デマバンド(5671 m)登頂

著　書　「山のスケッチ」（ナカニシヤ出版）
「京都滋賀南部の山」（ナカニシヤ出版）
「京都丹波の山」（上・下）（ナカニシヤ出版）
共　著　「京都府の山」（山と溪谷社）他

所　属　日本山岳会会員
日本ヒマラヤ協会会員
文部省A級スポーツ(山岳)指導員
日本山岳ガイド連盟認定ガイド

現住所　京都府城陽市寺田今堀52-43

大和まほろばの山旅

定　価　カバーに表示してあります
発行日　2000年2月1日　初版第1刷発行
著　者　内田　嘉弘©
発行者　中西　健夫
発行所　株式会社ナカニシヤ出版
〒606-8316 京都市左京区吉田二本松町2
電話 (075)751-1211/FAX (075)751-2665
振替 01030-0-13128
URL http://www.nakanishiya.co.jp
e-mail iihon-ippai@nakanishiya.co.jp

印刷・創栄図書印刷/製本・兼文堂/地図製図・竹内康之
ISBN4-88848-527-5 C0075

内田嘉弘著

京都丹波の山（全二巻）

（上巻）山陰道に沿って　（下巻）丹波高原

四六判・スケッチ，地図多数　（上）1,942円　（下）2,000円

（上巻の山）

丹波の入口　大枝山と老ノ坂

亀岡市の山　牛松山　高瀬山　三郎ヶ岳
明神ヶ岳　黒柄岳　湯谷ヶ岳　鴻應山
竜ヶ尾山　霊仙ヶ岳　小和田山　横尾山
朝日山　行者山　半国山　金山　八ツ尾山

八木町の山　筏森山　千歳山　鎌ヶ岳
龍王ヶ岳　諸木山

園部町の山　高山　胎金寺山　深山
三国岳　掃雲峰

丹波町の山　尖山　美女山　空山　吉尾山
櫃ヶ嶽

瑞穂町の山　雨石山　西谷山　兜山
三角塔　五条山　砥石山　三峠山　雲石嶽

三和町の山　鹿倉山　上殿

福知山市の山　神奈備山　天突　親不知
姫髪山　和久山　烏ヶ岳　鬼ヶ城
烏帽子山　三岳山　伏見山　三国山
天ヶ峰　江笠山　赤石ヶ岳

夜久野町の山　龍ヶ城　居母山　富岡山
深山　三谷山　岸山　鉄鈷山　小風呂
小倉富士

丹波・丹後国境の山　大江山と鍋塚

（下巻の山）

京北町の山　衣懸山　鴨瀬芦谷山　千
谷山　飯森山　天童山　片波山
東俣山　黒尾山　竜ヶ岳　地蔵山
三頭山　鷹ノ巣山　碁石　雲取山　地
蔵杉山

日吉町の山　黒尾山　岳山　釜糠　砂迫
畑ヶ岳　烏ヶ岳　大岩山

和知町の山　三峠山　恐入道　萱山蛇池
向山　和知富士　仏岩　鉢伏山　権現山
長老ヶ岳　中津灰

美山町の山　念仏　地蔵杉　鉢ヶ峰
白尾山　大倉谷山　ハナノ木段山　大段
品谷山　奥八丁山　ブナノ木峠　傘峠
三国岳　天狗峠　小野村割岳　掛橋谷山
平屋富士　ホサビ山　三国峠　八ヶ峰
中山谷山　奥ノ谷山　奥ヶ追山
タケガダン　オバタケダン　三ヶ谷山
ムシンボ　高庵　天狗畑

綾部市の山　高嶽　弥仙山　蓮ヶ峰
五九六・三メートル峰　空山　君尾山　養老山
三国岳　上滝ノ尾　三郡山　頭巾山